初戀
三摩地

禪師、詩人
一行禪師

U0021372

目錄

〈般若之心〉

〈與生命相約〉

〔作者序〕

新的生命力與源泉

　　我很高興看到我的書被譯成中文並出版，對我來說，這是一次向中國歷代祖師報恩的機會。

　　我十六歲的時候出家當了一名沙彌。我使用的第一個佛教功課本是用文言文寫成的。在學習佛法的頭十年間，我使用文言文佛教經本，並參考當代法師用現代中文寫成的對這些經文的注解。我接觸梵文、巴利文和藏文佛教經典那是後來的事。我終生難忘我從中國的祖師大德那兒受惠太多。我願借這次出版我的中文版著作之機會，向自我當沙彌時候起就開始受惠於其中的這一智慧之源表達我的無限感恩之情。

　　做沙彌的時候，我就已經受到人間佛教之理念的激發。在我的內心有一個強大的信念，那就是：假如我們能夠把佛教落實到現實生活當中，那我們將能夠引導我們的社會朝向正義、自由和慈悲的方向轉變。就因為我的內心存有這個信念，所以儘管那時我置身於佛教實踐中的種種腐敗形式中，但我並沒灰心喪氣。我告誡自己：你必須幫助提出一套能夠適應我們這個時代的佛教教法和修行方法，它能夠與現代科學、民主主義、人道主義、生態學以及社會正義之理念相並而行。

一九五二年，我曾經寫過一本書：題目叫做《家庭生活中的佛教》。自那以後，我開始幫助創辦佛教高等學校，佛教大學，佛教青年社會服務學校以及佛教刊物，旨在把佛教的修行納入我們的日常生活當中去。

當我還是沙彌的時候就著手研究和實踐的佛教教法就是禪和淨土，這兩者在某種意義上來講都受到了密教的影響。作為一個修行人，在成長的過程中，我目睹了我的祖國被捲入戰爭、暴力、貧困之境地。我所接受和實踐的禪和淨土的教法看起來於我周圍和內心的痛苦並不能產生直接的效用。於是我努力地研究佛教的基本教義，特別是四聖諦和八正道，希望能夠為我那時的痛苦重新找到直接的答案。多虧《安般》[1]、《四念處》[2]《釋中禪室》[3]等等經教，我找到了佛陀有關現法樂住（愉快地活在當下）的教義，並能夠恢復人間佛教的本來面貌。我的心裡充滿了希望。你只有觸及並透徹地理解了痛苦的本質（即苦諦），你才能明白出離痛苦的方法（即道諦）。理解了苦諦，你才能夠遵循修行之道，導歸滅諦（即轉化痛苦煩惱，恢復身心的健康）。佛法的一個基本特徵就是現身受證（即當下解決生命的解脫問題）。佛陀堅持宣稱，法受用於此地，當你開始修行的時候，痛苦的轉化和心靈的康復（即滅諦）就已經開始了。

近二十年來，我一直在世界各地、尤其是北美和歐洲等十三個國家舉辦正念靜修中心和正念日。在這些靜修活動中，人們接受有關修行的教導，練習觀察和擁抱他們的痛苦，並深入

觀察這些痛苦然後轉化它們，以便恢復他們身心內部的平靜與和諧。練習坐禪、行禪、正念呼吸、正念平臥、全身放鬆等等。這些都是爲實現上述現法樂住、現身受證的目的。靜修之後，很多人已經能夠解決自己的內心衝突，恢復與家人的交流對話。帶著同情心去傾聽和參與是最基本的練習之一，如果正念和止觀[4]的力量沒有培養起來，要成功地做好這些練習將會是困難的。

　　我希望我的英文著作能夠被全部譯成中文，並在中國流通。當然，對我和我的朋友們來說，能夠時常來中國並基於這些書的教法舉辦一些靜修活動，與中國的法師們保持生機勃勃的對話，那當然是一件令人非常高興的事情。我們必須重振佛教，這樣它將會成爲一種新的生命力和源泉，能夠利益眾生，能夠幫助我們這個時代的人們消除煩惱，坦然面對我們生命中的每一刻。

（本文是作者爲本書中文簡體字版所寫的前言）

注釋：

① 《安般》即《安般守意經》，爲南傳經典，漢譯經典參見大正藏經集部《佛說大安般守意經》。

② 《四念處》指《四念處經》，爲南傳經典，四念處修習法散見於《阿含經》中。

③ 《釋中禪室》即《釋中禪室尊經》，爲《中阿含經》第四十三卷第一六六經。

④ 止觀爲三摩地（samatha）與毗婆舍那（vipassana）之漢譯，止屬定，止息妄念；觀諸法空相。止觀是定慧雙修之義。

〔推薦序〕

人間佛教生活禪

釋淨慧

　　早在二十世紀九十年代，我就開始留心收集海內外有關介紹一行禪師的一些資料。對一行禪師所從事的弘法事業，及其在歐美國家的影響有了一個初步的了解。

　　一行禪師很早就開始從事和平運動，並致力於越南佛教的改革，表現出了驚人的膽識和眞誠的慈悲，取得了令人矚目的成績。定居法國之後，他開始把他的主要精力轉移到向歐美國家的人們介紹佛法上面來，時間長達數十年。他根據西方人的實際需要，把佛法與現實的人生很好地統一起來了，爲西方人提升智慧、長養愛心、保護心靈健康、創造和諧人際關係、成功進行兒童教育、促進人類和平等方面，提供了一系列具體可行的修行方法和實施原則。他的講法受到了西方人的廣泛關注，獲得了極大的成功。作爲一名越南僧人，一行禪師在種種不順利的條件下，能夠做出這樣一番卓越的事業，能夠把佛法成功地向西方社會傳播開來、並爲西方人所樂意接受，這是一個非常了不起的成就。一行禪師在弘法過程中所表現出來的智慧和開拓進取精神，及其對人類和平和佛法慧命所懷有的使命

感，是非常值得我們中國出家人學習的。

　　我和一行禪師的初次接觸，是在一九九五年春。當時我在北京廣濟寺（中國佛教協會所在地），一行禪師來拜訪我，因為忙，雖然我們交談的時間不長，不過，一行禪師的安詳表情給我留下了深刻的印象。見面之後，一行禪師直接去了趙州柏林禪寺，我因有公務在身，不能隨同回寺，便吩咐明海法師負責接待。那次在柏林寺，一行禪師作了兩次開示，並給常住法師們示範了一下如何練習行禪。法師走後，給明海留下了幾本他的英文著作。這些著作中的部分內容後來被翻譯成中文，在《禪》刊上陸續發表，在青年信眾中引起了較大的回響。

　　第二次接觸是在一九九九年春。一行禪師率領法國梅村佛教代表團近兩百人來中國大陸朝拜，期間在柏林禪寺呆了四天。在這四天的交流活動中，一行禪師和我分別作了幾場講座，並指導了幾次禪修。此外，我們還進行了兩次深入的交談。透過這次接觸，我對一行禪師的修行理念、弘法方式等有了更深刻的瞭解。

　　一行禪師立足於「人間佛教」，把「大乘的菩薩發心」同原始佛教中的「四念處」、尤其是安般法門成功地結合在一起，並賦與它們鮮明時代的特色，強調現法樂住。一行禪師特別強調修行人要安住當下，提起正念，強調要在日常生活中一切時一切處，去有意識地培養自己的覺照能力。這種提法把握了禪的精髓，與我在大陸所提倡的「生活禪」在本質上是不謀而合的。

　　一行禪師的講法生活氣息很濃，具有很強的指導性和簡單易行的可操作性，能夠讓人當下就能夠得到相應的受用。加上他講法時所使用的語言深入淺出，簡單明快，同時又極富詩意，引人入勝。應該說這是他在西方世界弘法成功的一個非常重要的原因。

　　他山之石可以攻玉。現在終於有機會把一行禪師的著作轉化成中文，這是一件很有意義的事情。它不僅有益於我們出家人更好地理解「人間佛教」，更好地把佛法與現實人生結合起來，更重要的是，它還能夠為徘徊於佛教之外、眾多迷茫的人們帶來生活上和精神上的指導。

　　　　　　　　　　　　　　　　　　一九九九年三月八日
　　　　　　　　　　　　　　　　　　於趙州柏林禪寺問禪寮

說：「假如我們能夠把佛教落實到現實生活中，那麼我們將可以引導社會朝向慈悲、正義、自由的方向。」

看到自己的祖國被捲入戰爭、暴力、貧窮的境地，發覺所學的禪和淨土並不能解決週遭人的痛苦，於是他努力研究佛法的基本教義，特別是四聖諦和八正道，他在佛陀所教示「安般守意」和「四念處」的法教中找到了現法樂住的教義，他說：「佛法的一個基本特質就是現證涅槃，當下得解脫，不必等到死後或來生。」通過對於四聖諦的了悟，他也教導人們如何擁抱痛苦、轉化痛苦、解脫痛苦。

他在教導我們如何從觀呼吸入手讓身心一如的時候，舉他自己的例子說：「在我第一次讀到《阿含經》中的〈安般守意品〉時，我覺得我是世界上最快樂的人。」他也告訴我們如何安住當下的方法，我一直沒有忘記他舉過佛陀啟悟鴦掘摩羅尊者的故事。

「鴦掘摩羅在沒出家以前，皈依外道，一心想要登上王位，以為用千人的拇指做成花冠即可遂其願，已經得到九百九十九個，尚差一指，於是想殺他母親取指頭。

「這時佛在靈鷲山用天眼觀察到，就化作一個沙門走在鴦掘摩羅的前面，鴦掘摩羅於是放下母親轉而追殺這個沙門。但無論怎麼追就是追不上，便喊道：『瞿曇，停！停！』佛陀說：『我早就停下來了，是你停不下來啊。』鴦掘摩羅聽了這句話，心中忽然開解，於是放下屠刀，跟著佛陀出家去了。」

一行禪師根據這則公案，教導我們在行禪時可以默念：

「我已到了，已到家了！」不是嗎？我們總是在期待著，即使是修行，也在等待有一天能夠出現什麼消息，甚至等待死後到西方極樂世界。我們在等什麼呢？當下就已經到家了，就已經證入涅槃，就已經到西方淨土了！我們還需要等待嗎？

在這本書中，一行禪師同樣以最簡單的文字闡釋了佛經中最奧妙的道理，《心經》、《金剛經》這兩部禪宗最深奧的寶典，在他深入淺出的解釋下，不僅易懂，而且很容易在生活中實踐；最後他再闡釋《上座比丘經》，告訴我們如何活在當下。可以說，以小乘佛教的修行做基礎，以大乘佛教的法義為依歸。不僅可補小乘之不足，亦可救大乘之時弊，正是台灣當前佛教所最需要者。

我有幸親炙一行禪師的法教，使我初入佛門即沒有走過冤枉路，一九九五年一行禪師離台以後，就再也沒有見過他，但是他灑脫自在的身影、輕聲曼妙的法語時時在我無助的時候出現。只要憶念及他，身心即時平靜，臉上自然露出微笑。直到今天，我才能粗略的領悟到一點「當下最美好」的法樂。

對一個無法一窺佛法堂奧的我而言，是沒有能力替一行禪師的文章做序的，只因為一行禪師的法教簡單明瞭，可以免去學人許多的冤枉路，並在日常生活中面對每一個境時，當下轉化煩惱，當下自在。因此，不揣淺陋，以對一行禪師粗淺的了解做個介紹。謹願有緣看到此書的人能安住當下，現證涅槃。

（本文作者為旺報副總主筆、水月蘭若主持人）

〔譯者序〕

詩意盎然入佛境

　　很高興看到一行禪師的書能在臺灣出版。一行禪師是一位享有國際聲譽的越南禪師，現定居法國。他在法國梅村組織了一個修行團體，並以梅村爲基地，在歐美等世界各地弘法。

　　一行禪師的著作大部分是由他的演講稿合成的，因此具有口語化的特點。讀他的書，你不會覺得佛法深奧晦澀，而只會覺得淺白親切。

　　他的書另一個讓我心儀的特點是詩意盎然。他爲我們展示了一個禪師眼中的詩化而美好的世界：藍天、白雲、青草、碧溪、路邊的玫瑰、孩子的眼睛……他教會我們當下去欣賞生活中隨時隨處可見的美，去感受這些美的事物帶給我們的清新和靈動，令我們遠離熱惱，身心清涼。

　　他的書還有一個特點，就是樸素平實，貼近現實生活。他堅持禪師的本色，很少談及神祕化的東西，而只教我們在面對現實生活中凸現出來的問題時，如何去思維，如何去應對。例如，他不但教我們怎樣坐禪、行禪，怎樣對待父母、師長，怎樣對待配偶，怎樣處理其他的人際關係，甚至還教我們怎樣吃飯、洗澡、如廁，怎樣接電話、開車、使用電腦等等。在翻譯

的過程中，我深爲這些細微之處的諄諄教導而感動，明白了什麼叫做「苦口婆心」。因此，讀他這部分文字的時候，你或許會覺得平淡無奇，但是假如你眞地能把他的教導融於自己的日常生活當中，那麼，你必會得到一個美麗而智慧的人生。

　　這次的書，是由他的《初戀三摩地》、《般若之心》和《與生命相約》三本原著構成的。我希望將來還能有機會，將禪師的其他精彩著作也介紹到臺灣來，讓所有學佛的朋友，都能夠得到禪師詩意佛法的滋潤，活得更寧靜、更安詳、更富有生機。

名潔

二○○二年六月三日於東籬居

〔導讀〕

沙門如何有愛，婆子因何燒庵？

林谷芳

　　教授禪修行，有個「婆子燒庵」的公案是我時常拈提予行者的，它出自《指月錄》，文字雖短，但從初發心到究竟，修行人似乎都可在此琢磨、映現自己的生命風光：

　　昔有一婆子，供養一庵主經二十年，常使一二八女子送飯給侍，一日，使女子抱曰：「正恁麼時如何？」主曰：「枯木倚寒巖，三冬無暖氣」，女子舉示婆，婆曰：「我二十年，只供養一個俗僕。」終於遣出燒庵。

　　這個公案因行者的知見及修習法門可有不同的契入，但所有的疑情則都起於一個嚴守戒律的沙門為何僅落得個「俗漢」之稱，甚至還被掃地出門，而這出門又何只是婆子不再給侍，實際上更可以說被逐出了佛門。以此，公案的基點既直搗龍門，擒賊擒王，只要有點感覺的，也就不能不在這起個觀照！

　　那麼，當女子抱之時，又該如何呢？公案要有一定的答案，就不叫公案了！而這公案所唯一清晰提供的，就只是不許

個「枯木倚寒巖，三冬無暖氣」而已，但暖氣指的又是什麼呢？許多的行者就從這裡觀照起。

的確，公案的目的原在升起觀照，這「婆子燒庵」的公案對我們固然如此，而公案中女子，對庵主則更是個「兩刃相交，無所躲閃」的公案，可是庵主面對此卻只用了「標準答案」。

但有了標準答案，就流於所知障，就無觀照。先不談禪，但，即使一般修行，也該是「不怕念起，就怕覺遲」。

念如果激出覺，煩惱就是菩提，況且人不可能無念，否則就形同草木。而雖說念要「正念」，但生命自無始以來輪轉，無明與菩提間又怎能如此簡單二分。有人見到特定異性不克自己，有人一見特定道人，即覺可以奉獻終生，雖說一凡一聖，可顛倒或超越卻並不全取決於外表的凡聖。也所以有人修行入魔，有人卻能勘破情關而向道。

男女之愛的純然，與行者向道的純然，其實沒有什麼不同，差別就在觀照，就在覺性，就在菩提心。缺乏了這些，向道的純然是入魔的溫床；有了這些，即使是男女的無明，恰就是最好的「境界現前」，於此勘透，悟道不遠。

用這樣的心才能真正契入修行者如實歷鍊的風光，才能知道修行路上的峰谷轉折。誠然，未起道心的外人總落於斷常的偏見，可虔誠的信徒又常把修行想得過於單一，這些，都不可能真正契道。內心的幽微、無明的拉扯、努力前進卻碰上銅牆鐵壁，這些，開山立宗的不談、建個道場接眾的不談、登壇說

法的不談，修行，許多時候就被矇在厚厚的「純然」而不得如實。

　　有一個學佛的師兄告訴我他的一段實際經歷：九○年代初，台灣興起一股藏密風，他受託帶了一些資糧前去尼泊爾供養，到的道場是蓮花生大士當年閉關之所，山上現仍聚集了一些想究明大道的行者，也仍以閉關的形態在修持，每個關期三年三個月又三天，中間連剪髮都不許，而就在山上他看到有人將髮簪抽掉，頭髮竟直接逶迤於地上的情形，這樣的「成績」少說也要花上十餘年才得。

　　在此，他碰到了一個「故交」，說故交，其實原來並不相識，只是如此的世外之地，竟能碰上一個住過台北的人，當然格外親切。而一問之下，知道這位藏人，原來在太太過逝後，頓感無常，於是捨緣出家。不過，他原育有二子，兩位小孩都還寄在台北的「西藏兒童之家」。

　　他鄉相遇，自不免有所囑託，我這位朋友答應替他帶點東西，傳個口信：「爸爸關期一結束，就會兼程回台北看你們。」

　　告別了這位修行人，朋友問了旁邊陪同的格西喇嘛，想知道：這樣的一位行者在第一關與本尊的相應會如何？

　　「怎麼會有多大的進展呢？第一年初觀本尊，眼睛一閉，本尊都化成了剛逝去的太太；好不容易妻子的身影稍淡，進入第二年，一上座，想起的又都是台北的兩個小孩；而這一關也好不容易才過了，第三年正想稍有契入，關期卻到了。」

　　格西的回答是如此如實，與一些趕灌頂、跑法會、講念力者所想像乃至宣稱的相距恐有十萬八千里路遠。但不正如此，才叫修行嗎？否則，多少習氣，與那根柢的俱生我執、無始無明又怎能被斬、被轉呢？

　　從這樣的角度，回過頭來看看本書的〈初戀三摩地〉，也許領受的就自然不同，一個二十四歲的比丘與二十歲比丘尼的愛，就再也不一定是驚世駭俗、難以接受之事。它只不過像我們生命中許多的所愛所惡般，攀緣的是如此自然，如此不自覺地就來到。

　　但可貴的是人有觀照的能力，真正的行者所浮現與凡夫的不同就在於此。於是，這無明之愛由何而生？它是常或無常？有沒有可能完全禁閉？它的出現是純然？是考驗？還是墮落？就這樣覺性一起，戀愛竟就是道人最貼近、最屨痕斑斑的生命功課，過不過得了這一關，也就決定了自己是不是只能成個「俗漢」！

　　的確，關鍵就在於作者觀照到了無常，關鍵就在於他仍不失菩提心，於是無明之愛反而化成了「無常萬歲」的諦觀，成就了以菩提心為本的宗教事業。

　　「無常萬歲」是這本書核心的觀照之一，三法印講無常，這是宇宙律，有這無常我們才要了脫生死，有這無常才會有常的追求，但常與無常果真是兩回事嗎？否則，觀世音菩薩已然成佛，又為何還要倒駕慈航？而釋尊菩提樹下已然悟道，也得繼續說法四十九年。顯然，「動」、「不居」正是宇宙的「法

爾本然」，佛菩薩也不例外，只是照而常寂，寂而常照而已，能體得這點，自然就「無常萬歲」。對行者，無常既是生死催逼，也能促成觀照，有時更直接就是無盡的修行、轉化與救贖。

以此，書中的禪師究竟因這二十四歲的無明之愛，乃讓無常成為後者。

坦白說，這樣的一本書較許多「酒肉穿腸過，佛自在心頭」的故事更貼近生命與修行的幽微面，也因如此，觀照乃必須更為澄澈，而其中，禪修行所標舉的「不可予自己以任何可乘之機」，仍為必然的基點，否則就入魔道。只是在此各人稟賦不同，法門不同，如何處理也就不一樣，有人的觀照如綿延水流，有人如快刀斬麻，有人老婆心切，有人則乾脆一拳粉碎虛空。而這本書，則在詩意的文字裡，有將堅持藏在一份體貼背後的特質，但其境界則端不可與將禪寫成「啜飲一杯午後香醇咖啡」的詩意文字相提並論。

「事」上以自己的經驗如實道出，「理」上回歸「金剛」、「維摩詰」、「華嚴」、「法華」，兩相參照，理事具全就是這本書、這個人與這個故事，但在宗門，行者末後仍可有此一問：

數十年後再提往事，廣渡眾生之餘可有一絲遺憾？有又如何？無又如何？而這一問又映照了自己什麼？

走筆至此，克勤圓悟的悟道詩浮在眼前：

金鴨香銷錦繡幃，笙歌叢裡醉扶歸；
少年一段風流事，只許佳人獨自知。

誠然，「獨自知」的何只是那冷暖自知的開悟境界，更有那心念起伏裡既怕人知，又可升起無限覺照的生命幽微，修行只有見及於此，才能不辜負人身一遭！

宗門行者　林谷芳
（本文作者為佛光大學藝術學研究所教授）

〔導讀〕

綻放生命之花

明　潔

「在現代社會裏，我們大多數人不想與自己接觸，我們只想與其他事物接觸，如宗教、體育、政治、書籍等等，我們想把自己忘掉。任何時候只要我們有空閒，我們就想邀請其他事物進入我們的心靈世界，讓自己對電視開放，讓電視來對我們進行殖民統治。」

「在《異鄉人》這篇小說中，阿爾貝・卡繆描寫了一個幾天以後將被處以死刑的人。他獨自坐在單人牢房裏，順著日光，他注意到一小方藍天。他平生第一次看見了藍天。一個成年人怎麼可能是第一次看見藍天呢？事實上，很多人就是這樣活著的，他們被囚禁於憤怒、沮喪和相信幸福與安寧只存在於未來的觀念中。莫梭在被處決以前還有三天時間可活。在充滿覺照的那一刻，藍天真正地存在了，而他也感受到了它。突然間，他感到與生命、與當下的聯繫是如此緊密。他發現生命是有意義的。他發誓要放下一切，專注地度過剩下的幾天，享受每一刹那。他確實這樣做了。他生命中的最後三天變成了真正的生活。執行死刑的前三個小時，牢房裏來了一位牧師，希望

能聽到他最後的懺悔，但是莫梭拒絕了。他只想一個人呆著。他想盡各種辦法，才把那個牧師支走。牧師走後，他自言自語地說：『這個牧師是個活死人。』他看到，想要拯救他的那個人，比他——一個即將被執行死刑的人——更象死人。最後牧師失望地離開了。莫梭領悟到，需要拯救的人不是他，而是那位牧師。」

「如果我們看看周圍，我們會看到我們中的許多人，雖然活著，但並不是真正意義上的活著，因爲他們沒有能夠感受到當下的生命，如卡繆所言，他們像活死人，像行屍走肉一樣活著。我們要盡己所能幫助他們。他們需要被某種事物所觸動，如藍天、孩子的眼睛，一片秋天的落葉等等，這樣他們就能甦醒過來了。」

當您讀完上面這段文字，您是不是想到了一度在歐美非常流行的存在主義哲學？您是不是在猜想這是哪一位存在主義哲學家的話語？

不，他不是哲學家。他是一位在西方世界有著極高聲譽的越南禪師。如果您想到了存在主義哲學，這只能說明，這位禪師所關注的主題與存在主義哲學極其相似而已，但它絕不是存在主義，它是地地道道的佛教。

在這裏，我向您介紹的，就是這位禪師的系列開示錄。他關心的是，如何幫助人們從迷失的、遺忘的、虛假的、煩惱的存在狀態，回歸到覺悟的、自主的、真實的安詳狀態。他的開示不是爲了滿足哲學愛好，而是爲了指導生活，完成生命的轉

化與療癒。

　　這位禪師的中文名字叫釋一行（Thich Nhat Hanh）。

　　一行禪師生於一九二六年的越南中部。一九四二年，也就是在他十六歲的時候，他出家當了一名禪宗和尚。越美戰爭爆發後，他是越南佛教和平代表團主席，他和他的很多出家同修，放棄了與世無爭的寺院清修生活，積極地投身到救助戰爭受害者的活動中去，與此同時，他們公開表達了他們渴望和平的願望。在此期間，他創立了青年社會服務學校、梵行佛教大學（Van Hanh Buddhist University）以及Tiep Hien（越南語，互即互入的意思）團體。一九六六年，他應和平聯誼會（Fellowship of Reconciliation）的邀請訪問美國，向美國人民講述了沈默的越南下層人民在戰爭中所受的痛苦以及他們的和平願望。在此期間，他曾與數百個團體組織和個人進行了會晤，其中包括美國國防部長麥克納馬拉（McNamara），馬丁路德‧金恩博士（Dr. Martin Luther King, Jr.），多馬斯‧默頓（Thomas Merton）等著名人士。在歐洲，他還會見了教宗保祿六世（Pope Blessed Paul VI）。他這些直言不諱的坦言陳述帶來的結果是，他受到逮捕的威脅，再也不能夠返回越南了。於是他在法國尋求政治避難，並獲得了法國政府的同意。在法國，他建立了一個小小的禪修者活動團體──梅村。

　　戰爭結束後，一行禪師和他的巴黎越南佛教和平代表團的同仁們，想方設法透過合法途徑，把救濟金送到饑餓的越南兒

童手中，但是沒有成功。第二年，代表團又到達馬來西亞和新加坡，試圖爲騷亂的暹羅海灣的船民們尋求安全保護，但是他們的努力遭到各國政府的反對。由於不知道該如何進行下去，一行禪師開始了一段時間的靜修生活。在長達五年多的時間裏，一行禪師一直呆在梅村——他法國的隱居地，從事坐禪、寫作、園藝工作，以及偶爾見見來訪者。一九八二年，他應邀參加了在紐約召開的「尊重生命聯合會」（Reverence for Life Conference），在會議其間，他發現美國人對於禪修表現出極大的興趣。於是他便著手在美國組建禪修活動中心，並指導美國的禪修學生進行禪修。通過多年來的不懈努力，一行禪師在歐洲和北美組建了許多「正念靜修中心」，爲佛教界人士、藝術家、心理醫生、環保主義者和孩子們提供了大量的幫助，取得了卓有成效的成績，從而使佛教在西方世界產生了愈來愈大的影響。一行禪師也因此倍受人們的關注。

一九六七年，一行禪師被馬丁路德·金恩提名爲諾貝爾和平獎，金恩博士說：「我不知道還有誰比這位溫良的越南僧人更堪當諾貝爾和平獎。」

多馬斯·默頓是這樣描述一行禪師的：「比起很多在種族和國籍上更接近我的人來說，他更像我的兄弟，因爲他和我看待事物的方式是完全一樣的。」

一行禪師不僅是一位優秀的宗教實踐家和宗教運動家，同時他還是一位詩人、作家。到目前爲止，他已用越南語、英語和法語寫過八十多本書，其中包括《活得安詳》（*Being*

Peace）、《太陽我的心》（*The Sun My Heart*）、《行禪指南》（*A Guide to Walking Meditation*）、《正念的奇蹟》（*The Miracle of Mindfulness*）、《般若之心》（*The Heart of Understanding*）、《佛之心法》（*The Heart of the Buddha's Teaching*）、《生命的轉化與療癒》（*Transformation and Healing*）、《當下一刻，美妙一刻》（*Present Moment, Wonderful Moment*）等等。

　　作為一名出家五十多年的比丘僧，一行禪師曾經在越南教育過兩代出家人，這使他掌握了以簡潔的、詩一般的語言來表達最深奧的佛法技巧。因為他經歷過戰爭，並且敢於面對我們這個時代的現實，因此，他的教導也就涉及到痛苦、調解以及和平的主題，並且具有非常濃厚的生活氣息和現實指導意義，是真正活潑潑的入世的佛教。

　　一行禪師著作的英文編輯阿諾德·卡特勒（Arnold Kotler）這樣評價一行禪師的作品：「他的教導，對於我們的繁忙的生活以及人類本位主義的理解方式來說，是一劑至關重要的解毒藥。」一行禪師的書由於關注人類的存在狀況，關注人類心靈的苦難和療癒，加之他對佛法的深刻體驗和深入淺出的詩意一般的表述，因此在歐美世界受到普遍的歡迎，銷路非常好。比如，他的《活得安詳》、《體味和平》（*Touching Peace*）、《正念的奇蹟》、《生命的轉化與療癒》、《步步安樂行》（*Peace is Every Step*）等等，已經被譯成三十多個國家的文字，在歐美暢銷書排行榜中，曾兩度進入前十名，在前十名中，他的書是唯一的非小說類暢銷書，這在出版史上是很少見的。

　　一行禪師的書爲什麼在西方世界能夠產生那麼大的反響呢？

　　我想這與一行禪師非常關注人類痛苦的療癒這一主題有關。他的開示始終以覺悟、慈悲、解脫、和平爲核心。他立足於大乘菩薩積極入世的慈悲利他精神，並結合自己數十年來對佛法的深入研究和切身體驗，以佛教特有的那種俯視一切的冷峻智慧，面對人生的苦難和人性的弱點，爲我們現代人擺脫煩惱、和睦家庭、祥和社會、建設美麗的人間淨土，提出了一系列極富建設性的、切實可行的建議、方法和原則。

　　作者認爲，社會上所存在的種種非正義、戰爭以及個人的痛苦和煩惱，根源在於人類缺乏眞正的理解（understanding）和愛（love）。一行禪師所說的「理解」不是一般意義上的理解，而是指般若智慧，他所說的「愛」也超越了自他的分別，專指無我的慈悲。理解是愛的前提，只有理解了才能眞正地愛，沒有理解也就沒有愛。理解首先意味著究竟地明瞭宇宙間的一切事物都是因緣所生法，沒有所謂獨立實在的自我，換句話來說，一切都是空的。明白了這一點，你才能徹底擺脫對自我和事物的執著，才能平等地看待人和事。理解同時還意味著對宇宙萬事萬物之間相互依存、互即互入的本性有足夠的清醒認識。明白了互即互入的道理，你才有可能對一切眾生從心靈的深處生起無盡的同體大悲，你才有可能從根本上消除對他人的嗔恚、嫉妒等惡意的不良心態。理解還意味著對自身內部和

周遭的眾生當下所遭受的痛苦和煩惱有深刻的覺知和同情，這樣你才有可能生起懇切的救助之行。沒有理解，換句話來說，對緣起性空、互即互入等等規律以及他人的苦難等等事實缺乏應有的認識，就必然會執著於有一個獨立的自我存在，並因此而有了自他、好壞、善惡等等一系列的分別和執著，其直接後果就是人們深深地陷入貪、嗔、癡等無明煩惱之中，對他人愈來愈缺乏慈悲、平等、寬容和理解，對自己的生命和大自然的奇蹟愈來愈麻木，愈來愈絕望，乃至於完全喪失了對生命之美的發現、覺照和欣賞能力。於是便有了國家之間、民族之間、階級之間、個人之間以及人與自然之間的種種矛盾和鬥爭，便有了吸毒、暴力、色情等等頹廢的人生現象。

　　理解和愛不是一種我們可以坐享其成的天然品質，它是後天教育和修行的結果。為了實現理解和愛，我們每個人必須從自我淨化和療救開始。換言之，社會要真正地實現和平，個人要真正地獲得幸福，必須從改造我們每一個人的內心世界開始。「改造環境就是改造我們的心，改造我們的心也就是改造我們的環境，因為環境就是心，心就是環境。」只有當我們每個人的內心實現了真正的和平，世界的和平才有保障。「如果我們自己既不愉快也不安詳，我們就不可能與其他的人分享安詳和愉快，即使那些我們熱愛的人，乃至我們的家人；如果我們既安詳又愉快，我們的生命就會象一朵花一樣綻放，我們家裏、社會上的每一個人，都將得到我們安詳的濡潤」。要改造我們的心，我們必須首先認識到，我們每個人的內心既有理解

和愛等等好的種子，也有貪、嗔、癡等等煩惱的種子。由於我們已經習慣了憤怒、悲傷和恐懼的種子在我們的意識中頻頻現行，習慣於把暴力、戰爭、壓迫等等作爲一種正常的生活方式接受下來了，並不斷地通過收看各種毒害我們心靈和社會的暴力影視節目，來澆灌和強化我們心中已有的煩惱的種子，因而我們心中的歡樂、幸福、寧靜、理解和愛的種子就很難抽枝發芽了。爲了讓我們心中好的種子能夠健康地成長壯大起來，我們必須練習覺照、培養正念，以便把心中的各種煩惱轉化成清淨的愛的力量。

所謂正念，就是要從對過去和未來的思慮中擺脫出來，安住當下，清楚明瞭自己的身心內部和周遭正在發生的事物之無常無我、互即互入的本質，就是要打破自己的那種對生命中所存在的美以及他人的痛苦視而不見、麻木不仁的狀態，從而對日常生活中優美寧靜的事物保持清醒的覺照，就是要擅於發現和欣賞生命中的種種奇蹟，並與它們融爲一體。理解和愛只有通過正念才能在當下變成現實。正念本質上是就是一種觀照般若，即般若波羅密多，它既是我們個人獲得幸福、解脫的前提，也是我們從事和平工作和環保工作的起點。它「爲我們與自己和平相處、超越對生死的恐懼和彼此的二元對立，提供了堅實的基礎。在空性的光照中，每件事物同時都是其他一切事物，我們互即互入地存在著，每個人都對生活中所發生的每一件事情負有責任。當你在自己的心中創造出和平和幸福的時候，你就是在開始爲整個世界實現和平。借助於你內心的微

笑，借助於你體內養成的正念呼吸，你就是在開始爲世界的和平而工作。你微笑，不僅僅是爲了你自己；世界會因爲你的微笑而發生變化。」正念不在過去或未來，它就在當下；正念不在渺不可及的他方世界，它就在此地；正念不是一種玄而又玄的哲學命題，它就在走路、洗碗、刷牙、掃地等日常生活當中。當你安住在正念中的時候，你實際上就是生活淨土當中，你就是在與生命相約，你本身就是奇蹟，就是美。「在我們周圍，生命一直在爆發著奇蹟。一杯水，一縷陽光，一片樹葉，一隻毛毛蟲，一朵花，一聲笑，幾顆雨滴。如果你生活在覺照當中，你就會很容易到處看到這樣的奇蹟。每一個人都是一團複雜的奇蹟。」

　　正念需要我們在日常生活中不斷地修習才能夠充分地培養起來。有許許多多修養正念的方法，其中最容易入手的要算呼吸和行禪了。呼吸和走路，從正念的角度來講，是與我們的解脫、與發現並享受生命、與世界的和平是緊密聯繫在一起的。「借助練習專注地呼吸，我們也可以變得神彩飛揚起來。沒有受過多少苦的年輕人都是美麗的鮮花，是那種對任何人在任何時候都足以成爲快樂之源的鮮花。而我們，只需呼吸、微笑，就也有花呈獻給大家；而且，我們越多地練習呼吸和微笑，我們的花就會變得越美麗。一朵花，它並不做任何事情來使自己顯得有用，它就只是作它的那一朵花。這就足矣。同樣地，一個人，假如她是一個眞正的人的話，也就足以令全世界歡欣鼓舞了。所以請練習呼吸，讓你的生命之花重新綻放吧！這樣

做，對所有的人都好，你的清爽與快樂將給我們大家帶來安寧。」走路也是如此，「如果你能以平和、無憂無慮的腳步行走於這世間，那麼對你而言，你將無須到所謂的淨土或天堂上去。這其中的理由很簡單，因為娑婆與淨土都是來自於心。當你處於平和、喜悅與自在之中，娑婆就變成了淨土，而實際上你哪兒也不用去。」

總之，改造世界要從當下實現自己的內心和平開始，從安詳的步履和調柔的呼吸開始。要以正念為修行的核心，以互即互入、緣起性空為修行的哲學基礎，以呼吸和行禪為修行的方便，以培養理解（般若智慧）和愛（慈悲）為修行的目的，以實現人類的和平和建設人間淨土為修行的究竟。一行禪師的開示基本上是沿著這一思路來展開的。他通過自己的智慧和人生的體驗，將佛法成功地融入了日常生活，使佛教大乘菩薩的入世精神得到了充分體現。當他把這一切通過詩的語言傳達出來之後，它對當代西方人的影響自然是超乎尋常的。

大家都知道，佛教自從古代印度傳入到中國，然後又從中國傳到韓國、日本等地，給我國乃至世界的文明產生了極其深遠的影響。在這個進程中，歷代的求法者和傳法者為此作出了不可磨滅的貢獻。如今這個進程在新的歷史條件下還在繼續著，還遠沒有結束。一行禪師在向方西世界傳播佛教文化的過程中，所表現出來的睿智及其所作出的貢獻，無疑將成為這個進程中的一個有機組成部分，他的價值正為愈來愈多的人所注目和認同。

　　再過一年，人類即將邁入二十一世紀。就我們國家而言，目前正處於一個歷史上少有的改革開放、政通人和的大好時機。在這樣一個機遇和挑戰並存的形勢下，有著兩千年光榮歷史的中國佛教能不能抓住這個歷史機遇，走向世界，爲促進世界和平、繁榮人類文明繼續作出應有的貢獻，這一個值得研究的新課題。這不僅是擺在全體佛教徒面前的一個重要任務，也是每一個中國人所應關心的話題。在這方面，一行禪師所做的種種探索對我們來講，應當說是有可借鑒之處的。

　　最後我想附帶提一下一行禪師在講演中經常使用的幾個關鍵性的詞：

　　interbeing，這個詞是一行禪師的創造，它是由inter和being構成的，意思是相互地存在，互攝地存在，此即彼，彼即此，此中有彼，彼中有此。這就是《華嚴經》中所說的圓融無礙的境界。在本書譯文中，一般都譯作「互即互入」，其他幾個地方，譯作「圓融無礙」。

　　understanding，它的本意是「知道」、「理解」、「瞭解」，在一行禪師的開示中，大多數時候專指「般若」、「智慧」，爲了突出這一特定含義，一般都把它譯成「般若智慧」，有時也譯作「理解」，主要是根據語境來定。

　　mindfulness，它的本意是「留心」、「注意」，在一行禪師的開示中，這是一個非常關鍵的概念，它專指「正念」，包括「止（專注）」和「觀（覺照）」兩重意思，在譯的時候，或作動詞「覺照」，或作名詞「正念」。

meditation，它的本意是「冥想」、「沈思」，在一行禪師的開示中，被用作「禪」或「禪定」的對應英文詞，由於「禪」（「禪那」的略稱）的意思是「靜慮」、「思惟修」，既有「止」又有「觀」，既有「定」又有「慧」，故在譯的時候，統一作「禪觀」。

於石家莊三省堂

初戀三摩地

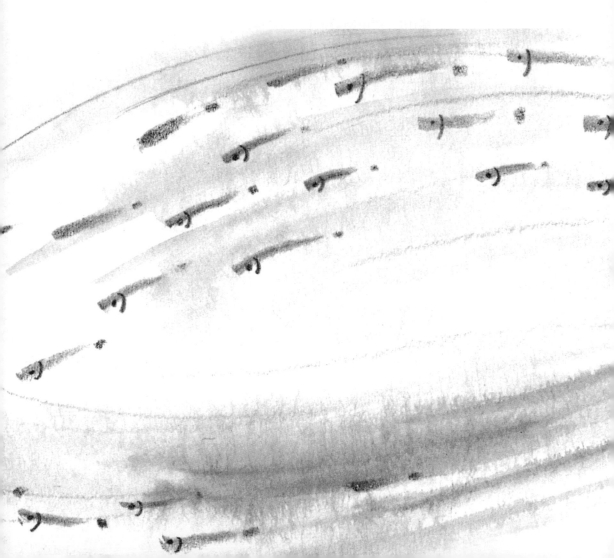

法雨潤澤

　　三年前，我做過一系列關於我的初戀的講座。梅村（我在法國居住和修行的地方）的每個人都來了。他們不僅是用智識來聽，而且是用他們的整個生命。深埋在意識中的愛和理解的種子被觸動了，我能看得出來，他們不僅是在傾聽我的講話，同時也是在傾聽他們自己的心聲。當一個題目很有意思時，你不用費勁就可用心傾聽。在那時全神貫注是不需要努力的，而理解就在全神貫注中產生了。

　　當你聽法的時候，只要讓法雨滲透你意識的土壤就行了，不要想得太多，不要爭論或比較。玩弄文字和概念遊戲就像試圖用桶裝雨水。所以聽任你的意識去承受法雨吧，這樣深藏在其中的種子就會有機會得到滋潤。

　　在佛教中，識是由兩部分組成的：「藏識」（alayav-ijnana）和「意識」（manovijnana又譯作分別事識，指八識中的第六意識——譯者注）。所有我們做過、經歷過和或看見過的事情都作為種子埋藏在藏識中。當一粒種子得到了澆灌，它就會在我們的意識中現行。習禪就是在我們的藏識這座花園中耕作。作為園丁，我們必須相信這塊土地，知道所有愛和理解的種子、覺悟和幸福的種

當一個題目很有意思時，你不用費勁就可用心傾聽。在那時全神貫注是不需要努力的，而理解就在全神貫注中產生了。

子，都早已深藏中了。這就是為什麼我們聽法時不必冥
思苦想或做筆記的原因。我們只要待在那裡，讓深藏在
我們心中的愛和理解的種子得到滋潤就可以了。不是只
有老師才能講法，青青翠竹、鬱鬱黃花、金色夕陽無一
不在同時說法。任何使我們藏識最深處的種子得到滋潤
的事物都是真正的法。

當一位婦女懷孕了的時候，她的身心也會發生變
化。體內嬰兒的存在改變著她的生命，一股新的力量在
升起，使她能做以前所不能做的事情。她常常微笑，更
加相信人性的善；對別人而言，她成為一個快樂和幸福
的淵源。即使她的身體不太舒服，但她的內心總有一種
真正的安詳，而且別人也都能感覺到這一點。

我們習禪的人可以從這裡學到一些什麼東西呢？我
們的藏識中有一尊幼佛（埋藏在我們心中的愛和理解的
種子），我們必須給它出生的機會。當我們感觸到我們的
幼佛之存在的時候，我們便擁有了菩提心（bodhichit-
ta），即覺悟的心，慈悲的心。從這一刻起，我們的一言
一行都在滋養著我們心中的幼佛，我們的內心充滿了快
樂、信任和活力。根據大乘佛法，一旦我們喚醒了菩提
心（bodhichitta），體驗到了覺悟和慈悲，修行便真正地
開始了。

我們的藏識中有一
尊幼佛（埋藏在我
們心中的愛和理解
的種子），我們必
須給它出生的機
會。

我們的慈悲心也許被深埋在我們的藏識中，埋藏在重重無明和痛苦之中。老師的任務就是幫我們給它澆水，使它萌芽。在禪宗裡，老師也許會給出一則公案。如果老師和學生都很幸運並且具有善巧方便的話，那麼學生的覺心將很可能被觸動。學生將這則公案深植於他的藏識中，接下來的修行就是去滋養這則公案，全神貫注於這則公案，即使在擦地板、洗盤子或聆聽鐘聲時也不例外。他將這則公案交付給藏識，如同一位懷孕的婦女確信她的身體將給胎兒以營養一樣。

對法的深刻理解會慢慢產生。如果你告訴我你已經明白了，我覺得有點兒悲觀。你以為你明白了，但是你也許並沒有完全理解。如果你說你不懂，我倒覺得樂觀一些。用你的整個生命來聽，讓你的身心完全安住當下，這樣法雨將會滋潤到你藏識中最深處的種子。如果理解的種子得到了滋潤，那麼明天當你洗盤子或注目藍天的時候，這顆種子也許會破土而出，慈悲和智慧的果實將從你的藏識中優美地成長起來。

初戀滋味

我遇到她的時候，她二十歲。那時我們在座落於越

用你的整個生命來聽，讓你的身心完全安住當下，這樣法雨將會滋潤到你藏識中最深處的種子。

南高地上的徹悟寺（Temple of Complete Awakening）。我剛講完一門基礎佛教課程，廟裡的住持邀請我說：「法師，你幹嘛不休息一下，跟我們待幾天再回西貢呢？」我說：「好哇，有什麼不可以呢！」

那天我在村子裡幫一群年輕人排演一齣戲，他們準備在「泰特」（Têt）節——越南的農曆新年——上演。更主要的是我想幫助改革我們國家的佛教，以使它能夠適應年輕人的需要。那時我二十四歲，是一個充滿了創造活力的藝術家和詩人。當時正是越法戰爭期間，很多人處於垂死的邊緣。當時我的一位師兄Thây Tam Thuong剛剛遇難。當我踏著臺階回寺院的時候，我看到一位比丘尼獨自站在那兒，凝望著附近的山峰。看到她那樣靜靜地站在那兒，我感到彷彿有一股清涼的風拂過我的面頰。以前我也見過很多比丘尼，但卻從未有過這種感覺。

為使你們好理解，我必須講述一些我早年生活中的經歷和體驗。九歲時，我在一本雜誌的封面上看到一張佛像，佛安詳地盤坐在草上。我立即明白，我也希望能像他那樣安詳和喜悅。兩年後，當我們五個人討論長大後想做什麼時，我哥哥諾（Nho）說：「我想成為一位比丘。」這是一個崇高的理想，但我清楚自己也想成為

看到她那樣靜靜地站在那兒，我感到彷彿有一股清涼的風拂過我的面頰。以前我也見過很多比丘尼，但卻從未有過這種感覺。

一位比丘。這至少部分起因於我看到雜誌上的佛像。年輕人是很開放的,可塑性很強,我希望電影電視製作者們記住這一點。

又過了六個月,我們班級到那桑山(Na Son Mountain)郊遊。我聽說有一位隱修者住在那兒。我不知道隱修者是什麼,但我感到我渴望見到他。我聽人們說,隱修者就是這樣一種類型的人,他們獻身於終生修行,以便使自己變得像佛一樣安詳喜悅。我們步行走了六哩路,到達那桑山,接著又爬了一個小時的山。可是當我們到達的時候,老師卻告訴我們說隱修者不在那兒,我失望極了。我當時不懂得隱修者是不願意見到那麼多人的。於是當班上的其他人停下來吃午飯時,我繼續往上爬,希望能單獨碰上他。忽然間,我聽到水滴落的聲音,循著聲音我發現一汪清泉安臥於山石中間。當我垂視泉水時,我能夠看到泉底的每個鵝卵石和每片落葉。我跪下來,飲那冒泡的、清澈的泉水,感到是那樣地心滿意足,就彷彿我面對面地遇上了那位隱修者似的。然後我躺下來睡著了。

幾分鐘後,當我醒過來時,我不知道自己是在什麼地方,過了一會兒我才記起同學們。當我起身往山下去找他們的時候,一個句子出現在我的腦海中,不是越南

隱修者就是這樣一種類型的人,他們獻身於終生修行,以便使自己變得像佛一樣安詳喜悅。

語，而是法語：「J'ai goûte l'eau la plus delicieuse du moude.」（我喝到了世界上最甜美的水）。我的朋友們看到我回來了，心裡釋然了。而我卻還一味地在想著那位隱修者和那口泉。他們又重新玩起來了，我開始靜靜地吃午飯。

　　我哥哥是最先成爲比丘的，家裡人都擔心出家生活比較苦，所以我沒有告訴他們我的願望是走同一條路。但我內心的種子卻在繼續生長。四年後，我的夢想實現了。我在越南中部的大城市順化附近的土哈依帕格塔寺（Tu Hieû Pagoda）當一名沙彌。

大乘佛教之始

　　在佛陀的一生中，他的大多數講法是針對出家人的，但他也給王公大臣、農夫、清潔工和其他很多在家男女說法。很多經典是用來指導在家修行的，像《郁伽長者所問經》[1]（Uqradatta）和《維摩詰所說經》[2]（Vimalakiri Sutras）。給孤獨（Anathapindika）是佛陀和僧團的大護法，當他聽到「空」和「無我」的教義時，他深刻地領悟了其中的含義。他請尊者阿難陀（Ananda）告訴佛陀說，在家人也有能力學習和實踐這些妙法。

我的朋友們看到我回來了，心裡釋然了。而我卻還一味地在想著那位隱修者和那口泉。

但是在佛陀過世之後的幾個世紀裡，修行成了出家人的專利，在家人僅限於供養出家眾飲食、衣服、臥具、醫藥等等。到西元前一世紀，佛教修行已經被寺院所獨斷，於是一場恢復佛教原貌的行動就不可避免地發生了。《郁伽經》³就是在這種背景下產生的。

在家修行

《郁伽經》提出了三個問題：出家人怎樣修行？在家菩薩怎樣修行？在家菩薩怎樣修得和出家人一樣好？在這部經中，聽完佛陀開示之後，五百名在家人發心要出家；而另外兩百人在佛陀講法期間已經開悟了，他們沒有出家。尊者阿難陀問郁伽長者：「你為什麼不像我們一樣出家？」郁伽長者回答說：「我不需要出家，在家可以修得一樣好。」

這個觀點在《維摩詰所說經》中達到了頂點。維摩詰是一位在家居士，他比佛的所有弟子和隨從佛陀的天上諸大菩薩都修得好。他假裝生病了，佛陀遣尊者舍利弗（Shariputra）去看望他，舍利弗說：「世尊，他辯才無礙、聰明多智，請您派其他人去吧！」接著佛陀又派了多位比丘或菩薩，但沒有一個人願意去。最後文殊師利菩薩接受了這個任務。在探訪過程中，維摩詰一再顯

尊者阿難陀問郁伽長者：「你為什麼不像我們一樣出家？」郁伽長者回答說：「我不需要出家，在家可以修得一樣好。」

示出他的見地比文殊師利和所有其他菩薩都要深刻。在大乘佛教的發展過程中，維摩詰的出現是很自然的。這部經對寺院制度是一個很大的衝擊，它試圖使寺院對外開放，使出家人以一種更開放、更積極參與的方式為社會全體修行，而不僅僅是為了他們自己。

《維摩詰經》是極其成功的，所以後來出現了它的續集——一部經是關於維摩詰之子的，一部經是關於維摩詰之女的，甚至還有一部經是關於一位曾經當過妓女的婦女的教言。這些經所要說明的意思就是：任何一個徹悟了的人都可以講經說法。即使是一位妓女，學法修行之後，也照樣可以作為人天師表。在這些經中，大乘在家菩薩的理想得到了最淋漓盡致的發揮。在《維摩詰經》中，我們看到，跟為眾生的利益而修行的諸菩薩相比，就連舍利弗和目犍連這樣赫赫有名的比丘也只是小學生而已。

在早期的《般若波羅蜜經》[4]（Prajnaparamita Sutras）中，有很多章句譴責了比丘們只為自己修行的態度。在《小品般若經》[5]（Astasahashrika Prajnaparamita Sutra）中，我們看到：當王后與國王以外的人私通生了個孩子，那麼這個孩子不能說是純正的王室血統。除非你擁有覺悟的頭腦和作為一個菩薩為一切眾生而修行的心

除非你擁有覺悟的頭腦和作為一個菩薩為一切眾生而修行的心靈，否則你就不是真正的佛子。

靈，否則你就不是眞正的佛子。如果你只是爲自我的解脫而修行，那麼你不是眞正的佛子。

如果出家人沒有開闊的心胸，不能接受菩薩的理想、爲衆生而修行的話，他們就「不是眞正的佛子。」在《郁伽經》、《維摩詰經》和早期的《般若波羅蜜經》中，大乘佛教的思想是豐富而深刻的，但是這些經典的語氣卻帶有攻擊性。這大概是因爲在當時要引起寺院組織的注意太困難了，所以不得不採取一種對立的態度。但到了《妙法蓮華經》（Saddharma Pundarika Sutra）時期，大乘佛教已經成爲了一種包括學校、寺院和牢固基礎的社會組織——一種由出家人和在家人一起密切合作的新型的佛教團體。所以《法華經》使用了一種調和的語氣。在《維摩詰經》中，舍利弗是微不足道，但在《法華經》中，佛陀對舍利弗和他的所有弟子都顯示了極大的慈愛和關懷。因此《法華經》是大乘佛教的基礎，它的包容色彩向傳統佛教組織伸出了友愛之手。

春之美

請想想你自己的初戀。慢慢地想，回憶一下它是怎樣發生的、在哪裡發生的？是什麼因緣把你帶到了那一

請想想你自己的初戀。慢慢地想，回憶一下它是怎樣發生的、在哪裡發生的，是什麼因緣把你帶到了那一刻。

刻。喚起那段經歷，帶著慈悲和智慧深入地審視它，你
會發現有很多那時你並沒有注意到的東西。禪宗裡有個
公案叫做「如何是你父母未生之前本來面目？」這個公
案的目的是誘請你去探索真我即本來面目。深入地審視
你的初戀，努力發現它的真實面目，當你這樣做時，你
將發現你的初戀並不是真正的第一次，你出生時的樣子
也並不是你的本來面目。如果你深入地觀察，你會看到
你真實的本來面目和你真正的初戀。你的初戀依然還
在，一直在這裡，繼續塑造著你的生命。這是一個禪修
的課題。

　　當我遇見她的時候，那並不是我們相遇的第一次。
否則，愛怎麼會這樣輕易地發生呢？如果我沒有看過雜
誌上的佛像，我們是不可能相遇的；如果她不是出家
人，我也不會愛上她。她身上有一種巨大的安詳，是其
他人所沒有的，那是由虔誠的修行而產生的。她曾在順
化的尼姑庵裡修行，現在，她出現在這裡，一如盤坐草
上的佛陀一樣安詳。童年時代拜訪隱修者、品嚐泉水的
感覺再現了，成為了我們初次相遇的一部分。在我看到
她的那一刻，我在她身上看到了我嚮往和珍愛的一切。

　　她是到高地上探望家裡人的，但是作為出家人她更
願意住在寺廟裡。她曾聽說過我上基礎佛教課的事，所

深入地審視你的初
戀，努力發現它的
真實面目，當你這
樣做時，你將發現
你的初戀並不是真
正的第一次，你出
生時的樣子也並不
是你的本來面目。

以希望能遇上我，但我從未聽說過她。當我登上最頂一級臺階上的時候，我向她問訊，並請教她的名字。我們一起往寺院裡走去，開始認識了。每個寺院裡，都有一把住持專用的座椅，而我不得不坐在那裡，因爲住持要出去幾天，曾請我代行他的職務。我請她坐到我對面，但她卻坐到了邊上。僧團成員是從不坐在住持對面的，這是規矩。爲了看到彼此的臉，我們不得不轉過頭來說話。

作爲一位出家人，她的威儀——走路、看人、說話的方式——是無懈可擊的。她很安靜，除非別人對她說話，否則她不開口。她只是垂視前方。我也很害羞，看她從不敢超過一、兩秒鐘，然後就垂下眼睛。幾分鐘後，我道了別，回房間。我不明白發生了什麼，但我知道我的安寧被擾亂了。我想寫詩，但一行也寫不出來。於是我開始讀別人的詩，希望能使自己平靜下來。

我讀了幾首Nquyen Binh的詩。他非常想念他的母親和妹妹，而我此時也有同感。如果你很早就出了家，有時你會想家的。在越南，讀誦這類詩之前，要燃香明燭，然後開始誦。我記得，當我用古漢語誦這首詩時，眼裡湧上了淚水：

我不明白發生了什麼，但我知道我的安寧被擾亂了。我想寫詩，但一行也寫不出來。

春來風雨夜，

獨臥夢難成。

花落知心事，

拂地靜無聲。

　　整個下午和晚上我都在不停地朗誦詩。我想著我的家人，大聲地朗讀著，試圖排遣心中這種我所不能理解的情緒。六點鐘，我教過的班上一位學生來敲門，叫我去吃晚飯。住持臨行前曾吩咐她每天來為我準備午飯和晚飯。

純淨之愛

　　那位年輕的比丘尼和我靜靜地吃了晚飯，之後我們喝著茶，彼此安靜地談話。她告訴我她是怎樣成為一位比丘尼的、進順化佛學院以前在何處修行，以及目前她正在研究什麼。她還是垂著眼睛，只有當我問她問題時才抬起來。她看起來就像觀音——寧靜、慈悲、美麗。我不時地看看她，但是時間都不長。如果她看到我那樣看著她，那是很不禮貌的。十或十五分鐘之後，我道了請原諒，然後去佛堂打坐誦經。

　　第二天清晨，我又去佛堂打坐誦經，幾分鐘後，我

她看起來就像觀音——寧靜、慈悲、美麗。我不時地看看她，但是時間都不長。如果她看到我那樣看著她，那是很不禮貌的。

聽到她的聲音在我旁邊響起。誦完經後，我們離開佛堂，早飯前我們又談了一會兒話。那天上午，她去看望家裡人，我獨自一人留在寺院裡。下午，我去村裡幫年輕人排戲。當我回來時，登上臺階，我看到她又站在寺前，眺望著山坡上的茶園。我們一起吃了晚飯，之後我給她讀了幾首我的詩作，然後我回到了房間，一個人讀詩。日子與以前沒有什麼不同，但我卻明白了自己心中的那種情緒——我知道我愛上了她。我只想同她在一起——坐在她旁邊，看她。

那天夜裡我幾乎沒睡著。第二天清晨打坐誦經之後，我提議去廚房烤火。天很冷，她同意了。我們每人一杯茶，我想方設法使她明白我愛上了她。我講了很多事情，但卻不能直接說。我談論著其他的事情，希望她明白。她慈悲地、專心地傾聽著，末了，她輕輕地說：「你說的話我一句也不懂。」

但是第二天，她告訴我她懂了。愛對於我是不容易的，對她則更為困難。我的愛像一場風暴，她被擊中了，被風暴席捲而去。她曾試圖抵抗，但是沒有成功，最後她接受了它。我們兩個都需要悲憫。我們很年輕，但卻要被風暴捲走了。我們有作為出家人的最深沈的願望——繼續我們珍愛已久的事業——然而我們卻被愛俘

我們兩個都需要悲憫。我們很年輕，但卻要被風暴捲走了。

虜了。

那天夜裡我寫了一首詩：

春天緩緩地、安靜地來了

一任冬天緩緩地、安靜地離開

今天下午的山色呵

抹上了淡淡的鄉愁

可怕的戰爭呵

留下了它傷痛的足跡——

無數生離死別的花瓣

潔白的，淡紫的，

飄落滿地

悄然地　心靈深處的傷口裂開了

殷紅的血，

流淌著離情別恨

春之美擋住了我前進的步履

我怎樣才能找到另一條上山的路？

我是這樣地痛苦

我的靈魂凍僵了

我的心顫抖得像脆弱的琵琶弦

遺失在一個暴風雨的夜晚

是的，春來了，春真的來了

但 我分明地已聽到了傷悼之音

清清楚楚 明明白白

就在群鳥的婉轉啼鳴中

晨霧已經升起

春風詠歎著我的愛與絕望

世界如此地冷漠為什麼

我孤身來到這個港灣

現在 又孤身離去

回家之路有千萬條

它們都在寂默之中召喚著我

我的心 卻在哀懇地呼喚著上蒼

春 已經來了

來到人間的每個角落

可是它的歌聲呵

卻充滿著　　無盡的離情

為了安慰自己，我寫下了這首詩。作為出家人，我

們怎麼能繼續維持這份珍貴的愛情呢？

　　出家人通常是不講這種故事的。但我想這樣做也有必要。否則，當年輕一代被愛擊中時，他們怎麼知道該怎麼做？作為出家人，人們都認為你不會墜入愛河，但有時候，愛情的力量比你的決心更強大。因此，這是一個關於戒律、正念、僧團、菩提心和自我完善的故事。

捕蛇訣竅

　　在《了知捕蛇的更好方法經》[6]（Sutra on knowing the better way to catch a snake）中，佛陀給我們指出了不陷於名相概念而清晰地見到實相的方法。在遇到這部《蛇經》[7]之前，我已經研究了很多年的《金剛經》，我很高興地發現佛陀提出的筏喻和「一默如雷」的表述在這部早期的經典中都能找到它們的淵源。

　　根據《蛇經》所說，我們學習佛法時必須小心。因為如果我們對佛法理解有錯誤，我們就有可能會給自己和他人帶來傷害。佛陀說，領會佛法就像捕蛇。如果你抓住蛇身，它會轉過頭來咬你。但是如果你懂得怎樣去捉它，用叉子叉住它的頭的下部，它就無法傷人了。「如果你不是全心全意地聽法，你就可能對法產生錯誤理

領會佛法就像捕蛇。如果你抓住蛇身，它會轉過頭來咬你。但是如果你懂得怎樣去捉它，用叉子叉住它的頭的下部，它就無法傷人了。

解，這種錯誤理解給你和他人帶來的弊端要大於好處。在學習佛法方面，你要小心謹慎。」

佛陀還說：「有些人學經不是爲了解脫，而是爲了滿足好奇心或者在辯論時贏得勝利。以這種動機來學法，他們會失掉教義的眞正精神。他們可能會遭受艱難困苦，忍受無益的磨折，而把自己搞得精疲力盡。」

「諸比丘，這樣學法的人就像一個人想捉野地裡的毒蛇，他伸出手時，蛇可能會咬他的手、腿或身體的其他部位，這樣的捉蛇徒勞無益，只會帶來痛苦。」

「諸比丘，錯誤地理解我的教法，情形是一樣的。如果你修法不正確，那麼你可能會把佛法理解成它的反面意思。但是如果你有智慧而不盲目地修行，那麼你將能夠領會教義的字面意思和它的精神，從而能夠正確地解釋它。不要只爲了炫耀或同他人辯論而修行。修行是爲了獲得解脫，如果你這樣做了，你就會少些痛苦，少些疲勞。」

「諸比丘，一個有智慧的學法者就像一個人用叉子捕蛇。當他在野地裡看到一條毒蛇時，他用叉子叉住蛇頭下部，用手捏住蛇頸，即使蛇纏住此人的手、腿或身體的其他部位，也咬不著它。這是捕蛇的較好方法，不會導致痛苦或疲憊。」

不要只為了炫耀或同他人辯論而修行。修行是為了獲得解脫，如果你這樣做了，你就會少些痛苦，少些疲勞。

法尚應捨，何況非法

　　當我們深入地研讀這部早期的佛教經典時，可以看到後期大乘經裡為我們提供的很多方法。《金剛般若波羅蜜經》裡有一句話，幾乎字字源自此經：「法尚應捨，何況非法。」即使是真正的佛法，最後你仍然要放手，更不要死死抓住它。

　　在三藏（Tripitaka）中，處處可見誤解佛陀言教的例子。一次，在去毗舍離（Vaisali）附近的一個精舍之前，佛陀開示了關於色身無常不淨和無我的教法。一些比丘誤會了他的意思，說：「此生不值得活。一切都是不淨因而必須捨棄。」後來，在佛陀離開此地前往精舍，他們之中有些人就在佛陀講法的那個寺廟裡自殺了。

　　比丘們誤會佛陀的話怎麼會至於這種程度呢？他們怎麼會認為自殺是佛陀教言的真正意思呢？事實上，今天仍有人這樣思考問題。佛陀教導我們說世間是苦，於是他們便認為，為了終止痛苦，就必須終止生命。看，誤解佛陀的教言也很容易。耶摩迦（Yamaka）比丘一直在宣講這個觀點，直到有一天舍利弗發現了這件事、為他作了正確的解釋為止。

　　在《了知捕蛇的更好方法經》中，有位名叫阿梨吒

即使是真正的佛法，最後你仍然要放手，更不要死死抓住它。

（Arittha）的比丘說，佛陀教導我們，感官享受不是修行
的障礙。他的同修們試圖勸阻他這樣說，但是他繼續堅
持這一觀點。聽說這件事之後，佛陀把阿梨吒叫來，當
著很多比丘的面，問：「阿梨吒，你說我教導你們感官
享受不是修道的障礙，這是真的嗎？」阿梨吒回答道：
「是的，世尊，我確信，根據您的教言的精神，感官享受
不是修道的障礙。」

　　我花了很多時間思考這一段，也作了一些研究。當
你讀任何一部經的時候，你都應當時時想到這部經的背
景，以及佛陀的整個教導，這樣你才能夠領悟到真正發
生的事情。我發現阿梨吒是個有智慧的比丘，富於人格
魅力，他曾經聽佛陀講過苦行的事，佛陀把他六年苦行
的經歷講給大家聽。佛陀總結說，苦行是無益的——為
了開悟，你必須照顧好自己的色身——所以他接受了乳
糜和優婁頻羅（Uruvela）村民供養的其他食品。

安住當下

　　佛陀是一個快樂的人，他很有能力欣賞一個優美的
清晨或一杯澄清的水。一次，他與阿難站在靈鷲峰上，
指著下面的稻田，說：「阿難，稻子熟了的時候，這些
稻田多美啊。我們把出家人的長袍設計成這種圖案吧！」

當你讀任何一部經
的時候，你都應當
時時想到這部經的
背景，以及佛陀的
整個教導，這樣你
才能夠領悟到真正
發生的事情。

另外還有一次，路過毗舍離城時，佛陀說：「阿難，毗舍離多美啊！」又有一次，摩訶男（Mahanama）國王請佛陀和他的比丘們吃飯時，佛陀作了如下評論，「摩訶男供養了我們最好的齋飯。」可見佛陀對飯食的質量有清醒的認識。

　　我曾遇見某些出家人不敢講他們吃的東西味道很好。一次在泰國，有人供養我香美的大米和芒果。我很喜歡吃，於是告訴主人：「好香啊！」我注意到泰國出家人沒有人這樣說，但是我認為，只要你認識到事物無常的本性，享受你周圍或內在的事物是沒有什麼妨害的。你渴了的時候，享受一杯水又有沒什麼錯？事實上，為了能夠真正地品味它，你必須安住於當下。

　　一朵花凋謝時，我們不會哭。我們已知道它是無常的。如果我們練習對無常的本性保持覺照，我們就可以少受些痛苦，多享受些生活。如果我們知道事物是無常的，我們當下就會珍惜它們。我們知道我們所熱愛的人具有無常性，所以我們現在就要盡最大努力使他們活得幸福。無常不是消極的。一些佛教徒以為我們不應該喜歡任何東西，因為一切事物都是無常的。他們認為解脫就是擺脫一切，因而不應該喜歡任何東西。但是，當我們把鮮花供養給佛陀的時候，我相信佛陀看到了花的美

如果我們練習對無常的本性保持覺照，我們就可以少受些痛苦，多享受些生活。如果我們知道事物是無常的，我們當下就會珍惜它們。

麗並且深深地欣賞它們。看來阿梨吒沒有能夠將享受身
心的良好狀態和沈溺於感官欲樂區別開來。

在《維摩詰經》中，維摩詰居士的沈默被文殊師利
菩薩譽為「一默如雷」，回響遼遠深廣，具有解去束縛、
帶來解脫的大力量。它就像獅子吼，宣告了「一切正法
尚須放捨，何況非正法。」如果我們想理解《了知更好
的捕蛇方法經》，我們就需要這種精神。

筏不是岸

在這部《蛇經》裡，佛陀也告訴我們，法是渡我們
過河到彼岸的筏。但是我們過河以後，如果還把筏扛在
肩上，那就太愚蠢了。「筏不是岸。」下面這些話就是
佛陀說的：「諸比丘，我屢次告訴過你們，掌握時機，
放下筏子，是很重要的，不要無謂地死死抓住它。當一
條山澗漲水，變成了一條挾帶殘骸死枝的湍急的洪流
時，想過河的男女都會考慮，怎樣才是渡過這條洪流的
最安全的方法？估量形勢，她也許會決定把樹枝和草綁
在一起，編成一個筏子，然後用它渡到彼岸去。但是，
到了彼岸以後，她想，我花了那麼多時間和精力編成這
只筏子，它是一項值得珍視的財產，我要隨身帶著它繼
續我的行程。如果她在陸地上還扛著筏子或用頭頂著它

掌握時機，放下筏
子，是很重要的，
不要無謂地死死抓
住它。

往前走，諸比丘，你們認為這種做法明智嗎？」比丘們回答說：「不，世尊」。佛陀說：「那她該怎樣做才更明智呢？也許她可以這樣想，筏子幫助我安全地渡過了河，現在我要把它擱在河邊，好讓其他人用它渡河。這樣做不是更聰明嗎？」比丘們回答說：「是的，世尊。」佛陀教導大家說：「我已經多次給你們講過關於筏子的比喻，以提醒你們捨棄一切對正法的執著是極其必需的，更不用說非正法了。」

　　佛教禪定的一個首要方面就是「三摩地」（samatha，止和定），另一方面就是「毗婆舍那」（Vipasyana，禪觀，深入地觀察）。早期佛教有一個分枝，它就是因Vipassana（與梵文相對應的巴利文是Vipasyana）而聞名。如果我們研究大乘佛教，我們將會看到毗婆舍那，即深入地觀察，是大乘佛教的核心。佛陀曾教給菩薩們很多具體的修行方法，以幫助他們不僅為自己、而且為一切眾生獲得覺悟，從而達到生命的圓滿。

　　當我們研讀佛陀早期的這部教典《了知捕蛇的更好方法經》時，可以看出它是大乘佛教教義的一個極好的入門書。它開放的態度、不執著於知見和幽默的風格就是引導人們進入大乘佛教的王國的一個很好的法門，它

我已經多次給你們講過關於筏子的比喻，以提醒你們捨棄一切對正法的執著是極其必需的，更不用說非正法了。

幫助我們清楚地認識到，大乘佛教的一切思想和實踐的
種子，早已存在於佛陀的早期言教中了。

捍衛純真

　　愛對她來說比對我更困難。她信任我，就像信任一
位兄長，我對她也產生了真正的責任感。在原定住持回
來的那天，她非常鎮定寧靜，言談舉止一如從前，只是
她的微笑更光彩照人了。當有人愛你時，你就會顯示出
更大的自信。

　　那天是農曆年的最後一天，我們喝著茶，討論了好
幾個小時的佛法。我們屬於越南第一代受過西式教育的
出家人，我們最想做的事情就是在戰爭時代幫助祖國人
民。但是佛學院的教育卻並沒有隨著時代的變化而變
化。我們的願望是為社會帶來和平、和解和友誼，但我
們的老師卻從不談及這些事，這使我們感到失望。每一
傳統都必須不時地自我更新，以適應時代的迫切需要，
佛教也是如此，它應該為時代提供各種各樣切實可行的
修行方法。

每一傳統都必須不
時地自我更新，以
適應時代的迫切需
要，佛教也是如
此，它應該為時代
提供各種各樣切實
可行的修行方法。

共同的理想

　　我和另外五位年輕比丘在西貢郊區的一所小寺廟裡居住修行。我們離開了順化的佛學院，因爲我們覺得我們得到的教育不是我們想需要的。在西貢，我編輯一本佛教雜誌，我們的小團體就靠我的編輯報酬來維持。我們六位比丘也去上學，研究西方哲學和科學，因爲我們堅信這些學科會幫助我們給祖國的佛教修行注入新的生命。要想講法，你就必須使用你所處的時代語言，採取人們能夠理解的方式。

　　經過討論，我們清楚地認識到，我們擁有共同的理想。她已曾向一位師姐提議建立一個尼眾修行中心，就像我們六位比丘那樣修行。我告訴她，離我們寺廟不遠有一所寺廟大概可以利用。當時我沒有意識到，我之所以這樣建議，部分原因是出於我渴望再見到她。

　　到了下午三點，住持還沒回來，所以我們繼續著我們的討論。我說我將來希望能看到出家人創辦中學、幼稚園、療養中心等機構，在做幫助大眾的工作的同時修習禪定——不僅僅是口頭上說慈悲，而是通過行動來表達它。自那以後，所有這些都變成了現實。現在，越南的出家人幫助賣淫女郎，教育流浪兒童，並且還做很多其他社會工作，但在那時，所有這些還僅僅是個夢想。

做幫助大眾的工作的同時修習禪定——不僅僅是口頭上說慈悲，而是通過行動來表達它。

當我們探討這些事情時，我能看出她很高興，所以我就不停地講，一直到嗓子開始痛起來。她注意到了，於是起身到自己的房間給我拿了一些咳嗽滴劑。時至今日，我仍記得盒子上的商標：pâtes des Vosges。如果是住持給我那盒咳嗽滴劑，我想今天我不可能還記得那商標名稱。

晚飯後，我們坐禪誦經，然後各自回房間。三天來我們倆都有沒怎麼睡覺，我們知道我們需要好好睡一覺，以恢復精力，好見住持——他第二天肯定會回來。但是入睡是不可能的。午夜一點，我還醒著。我感到一種要與她呆在一起的強烈渴望——與她坐在一起、看她、聽她講話。我清楚這是我們獨處的最後一點兒時間了。那天夜裡有好多次，我渴望去敲她的門邀她去禪堂繼續我們的討論。但我沒有去，因為我們有約在先，我必須履行諾言。我感覺到，她大概也醒著。如果我去她房間敲門，她肯定會很高興跟我到禪堂繼續談話的。但是我控制住了。我心中的某種強大的東西在保護著她，還有我自己。

在那天夜裡和所有那些珍貴的日日夜夜中，我從來沒有動過要握她的手或吻她的前額的念頭。她象徵我所熱愛的一切——我的關於慈悲、關於將佛教融入社會、

我心中的某種強大的東西在保護著她，還有我自己。

關於實現和平與和解的理想。我心中的這種願望是如此
地強烈和神聖，以致於任何諸如握她的手或吻她的前額
的舉動都將成為一種褻瀆。她象徵著我生命中所有重要
的東西，如果破壞了它，我會受不了的。

　　她呆在房間，像一位公主，而我心中的菩提心則是
衛士，守護著她。我知道如果她發生了什麼事情，我們
倆都將失去一切──佛陀，我們的慈悲理想以及將佛教
融化於世間的願望。我不必刻意去守戒，將佛法轉化為
現實的強烈願望保護著我們倆。為了生命的延續，我不
可能不做一個比丘，而她也不可能不做一個比丘尼。就
彷彿一支大軍的司令員在守護著她；對我來說，敲她的
門，開門去她房間，是不可能的──那樣會把一切都毀
掉的。

切穿妄想的金剛石

　　金剛石能夠切割任何東西，但是沒有一樣東西能夠
切割金剛石。我們需要發展金剛石一般的悟性，以便切
穿我們的煩惱。如果你研究《了知捕蛇的更好方法經》
和《金剛經》，你就可以看出這兩部經之間的聯繫。

　　《金剛經》記錄了佛陀和他的弟子須菩提之間的一

金剛石能夠切割任
何東西，但是沒有
一樣東西能夠切割
金剛石。我們需要
發展金剛石一般的
悟性，以便切穿我
們的煩惱。

場談話，它是最早的般若波羅蜜經之一。當時有一千二百五十名比丘在場。在後期的般若波羅蜜經裡，在場的只有少數比丘，更多的是菩薩──二萬五千位或五萬位。須菩提提的問題是：「世尊，善男子善女人發阿耨多羅三藐三菩提心，應云何住，云何降伏其心？」須菩提認識到，菩薩事業的開端是菩提心──把我們自己和其他眾生帶向幸福和自由的彼岸的願望。

佛陀的回答是這樣的：「所有一切眾生之類，若卵生，若胎生，若濕生，若化生，若有色，若無色，若有想，若無想，若非有想，若非無想，我皆令入無餘涅槃而滅度之。」我們必須發誓為每個人修行，而不只是為我們自己。我們為樹、動物、岩石、水而修行。我們為有色無色的眾生而修行，為有想無想的為生而修行。我們發願要把所有這些眾生帶到解脫的彼岸。然而，當我們把他們全部帶到解脫的彼岸之後，我們領悟到，根本沒有眾生被帶到解脫的彼岸。這是大乘佛教的精神。

有四十句詩概括了《金剛般若波羅蜜經》的教義，每個修禪觀（vipasyana）的佛教徒都擁有般若波羅蜜（完美的智慧）來作為他（她）的母親。眾生本無生，眾生本清淨。這是最圓滿的修行。菩薩把眾生度到彼岸去時，沒有看到一個眾生。這是不難理解的。只要放鬆身

眾生本無生，眾生本清淨。這是最圓滿的修行。

心，讓法雨進來，我相信你會理解的。

　　根據世尊的話，有四個名相我們必須仔細體會：我、人、眾生、壽者。「如是滅度無量無數無眾生，而實無眾生得滅度者，何以故？須菩提，若菩薩有我相、人相、眾生相、壽者相，即非菩薩。」菩薩是不受我、人、眾生、壽者這些概念束縛的人。

　　我們知道花純粹是由非花的因素，諸如陽光、泥土、水、時間和空間所構成的。宇宙中的所有事物共同作用，才導致了一朵花的存在。這些無限的條件就是我們所謂的「非花因素」。肥料幫助鮮花生長，鮮花終而又轉變成肥料。如果我們練習禪觀，就可以看出此時此刻肥料就存在於鮮花當中。如果你是位園藝師，那麼你早已知曉這個道理了。

互為緣起

　　上述這些不僅僅是空洞的言詞而已，它是我們的體會，是我們練習深入觀察的結果。看任何事物，我們都可以看到這種互即互入[8]的本性。沒有非我的因素，「我」是不可能存在的。深入地觀察任何一件事物，我們都可以看到整個宇宙。「一」是由「多」組成的。為了照顧好我們自己，我們就要照顧好我們周圍的人，他們的幸

花純粹是由非花的因素，諸如陽光、泥土、水、時間和空間所構成的。宇宙中的所有事物共同作用，才導致了一朵花的存在。

福和安適也就是我們的幸福和安適。如果我們擺脫了「我」與「非我」的觀念，我們就不會害怕「我」與「非我」這樣的字眼。但是，如果我們把「我」視爲敵人、把「非我」視爲救世主，那我們就被束縛住了。我們是在努力推開一種事物而擁抱另一種。當我們認識到照顧好「我」就是照顧好「非我」的時候，我們就解脫了。也不必排斥什麼了。

　　佛陀說：「以自我爲洲嶼」。他不怕使用「我」這個字眼，因爲他擺脫了「我」的觀念。但是我們作爲佛陀的弟子，卻不敢使用這個字。幾年前，我寫了一個聽引磬聲時誦的偈子：「聽呵，聽呵，這清脆的引磬聲，使我回歸了眞正的自我。」很多佛教徒拒絕誦這首偈子，因爲其中有「我」這個字。於是他們將其改寫爲：「聽呵，聽呵，這清脆的引磬聲，使我回歸了眞正的自性。」爲了成爲佛陀嚴肅認眞的弟子，他們盡量迴避「我」字，但是事與願違，他們恰恰成爲了自己名相概念的囚徒。

　　如果一位菩薩執著於我、人、衆生、壽者這些觀念，那個人就不是眞正的菩薩。如果我們認識到「我」總是由「非我」的因素構成的，我們將永不會被「我」或「非我」這樣的概念所奴役或者害怕它們。如果我們

當我們認識到照顧好「我」就是照顧好「非我」的時候，我們就解脫了。也不必排斥什麼了。

說「我」這個概念是有害或危險的，那麼「非我」這個概念或許危險更大。執著於「我」這個概念是不好的，但是執著於「非我」更糟糕。

「我」純粹是由「非我」的因素構成的，理解這一點是有益的。佛陀沒有說：「你不存在」，他只是說：「你沒有自我。」你的本性是非我。我們痛苦，是因為我們以為他說我們不存在。我們從一個極端跌到另一個極端，而兩個極端都只不過是我們的名相概念而已。我們從來沒有體驗過實相，我們僅僅擁有這些名相概念並因為它們而感到煩惱。

我們有一個「人」的概念，以同非人的事物，如樹、鹿、松鼠、鷹、空氣或水區分開來。但是「人」也是一個應被超越的概念。它純是由非人的因素構成的。如果你相信上帝首先創造了人，然後創造了樹、果實、水和天空，你就不能同《金剛經》相一致了。《金剛經》教導我們說，人是由非人的因素構成的。沒有樹，人就不能存在；沒有果實、水和天空，人也不能存在。

親身體驗

這樣觀想就是練習深入觀察、體驗實相和安住正念。你觀察和接觸任何一件事物，都要親身體驗，而不

觀察和接觸任何一件事物，都要親身體驗，而不是從觀念入手。

是從觀念入手。人比其他物種更重要，這是一個錯誤的
觀念。佛陀教育我們要保護好我們的環境。他知道如果
我們保護好樹木，也就是保護了人類。我們必須以這樣
的覺悟來過我們的日常生活。這不是哲學。爲了使我們
的孩子和他們的孩子活得安適，我們迫切需要覺悟。人
類可以爲所欲爲地消耗其他所謂非人的因素，這是一個
愚昧的、危險的觀念。

　　吸進來，你深深地意識到你自己是個人；然後呼出
去，觸摸大地（一個非人因素），把它當做你的母親。想
像一下地表之下的河流。看看各種礦物。看看我們的母
親地球，我們所有人的母親。然後抬起胳膊，再一次吸
進來，體驗一下樹木、花草、果實、小鳥、松鼠、空氣
和天空這些非人的因素。當你的頭頂戴著空氣、太陽、
月亮、星系、宇宙——這些爲了使人類的存在成爲可能
而匯聚到一起的非人因素時——你會看到所有這些因素
正在進入你的體內，使你的存在成爲可能。再一次吸進
來，伸開你的雙臂，體驗一下你也在滲入其他因素之
中。人類也是其他因素存在的助緣之一。

　　讓我們一起看看「眾生」這個概念。眾生是有感覺
的生物。非眾生是沒有感覺的物質。事實上科學家們發
現要區分這兩者的界限很困難。某些科學家無法斷定蘑

吸進來，你深深地
意識到你自己是個
人；然後呼出去，
觸摸大地（一個非
人因素），把它當
做你的母親。

菇是動物還是植物。法國詩人拉馬丁[9]（Lamartine）曾經問非生物是否有靈魂，如果是我，我會說「是」。越南作曲家Trinh Cong Son說：「明天連岩石和卵石都會彼此需要了。」我們怎麼能知道岩石不痛苦呢？自從原子彈落在廣島以後，那兒公園裡的岩石們都死了，日本人把它們都搬走了，並安置了一些活岩石進來。

實相的本來面目

在大乘佛教寺廟裡，我們發誓要使一切生物或無生物證得徹底圓滿的覺悟。儘管我們使用「生物」和「無生物」這樣的詞，但是我們清楚，所有一切都是存在物，生物和非生物之間的界限是虛幻的。一位真正的菩薩能夠看到生物是由非生物因素構成的，這樣「眾生」這個概念就被分解了，這位菩薩也就解脫了。菩薩終其一生致力於把眾生度到「彼岸」，卻不執著於「眾生」這個概念。

因為我們習慣於使用名相概念去把握實相，所以不能體會到實相的本來面目。我們建立起一個與實相本身並不相符的關於實相的意象。這就是為什麼這些練習很重要的原因，它們可以幫助我們解放自己。它們不是哲學。如果我們試圖把佛陀的教導變成教條，我們就錯失

一位真正的菩薩能夠看到生物是由非生物因素構成的，這樣「眾生」這個概念就被分解了，這位菩薩也就解脫了。

了它的眞正含義——我們抓住了蛇的尾巴。在我們的日常生活中，爲了體驗實相，我們練習專注地生活；爲了看到事物非我的本性，我們進行觀察。很多人誤會了佛陀的教導，他們以爲他在否認爲生的存在。那不是否認。佛陀是在爲我們提供一個工具，以幫助我們得到更深刻的理解和解脫。工具是拿來用的，而不是用來被崇拜的。筏不是岸。

此有故彼有，此無故彼無

前三個概念「我」、「人」、「眾生」是從空間的角度提出來的，第四個概念「壽者」是從時間的角度提出來的。出生以前，你存在嗎？有「我」嗎？你從什麼時候開始有「我」的？從懷孕之時起嗎？分別之劍將現實切成兩塊——你不存在的時期和你開始存在的時期。你會怎樣繼續下去？你死後會重新變成什麼都不是嗎？這是一個所有的人都會深思的令人恐懼的問題。我死後會發生什麼？當我們聽到「無我」的時候，我們感到更加害怕。而說「我存在」則是令人寬慰的，所以我們問：「我死後會發生什麼？」我們試圖抓住一個令我們心安的「我」的概念：「這是世界。這是我。我將繼續存在。」

關於事物的存在，佛陀曾做過一個簡短的陳述：

佛陀是在為我們提供一個工具，以幫助我們得到更深刻的理解和解脫。工具是拿來用的，而不是用來被崇拜的。筏不是岸。

「此有故彼有，此無故彼無。」每一件事物的存在都依賴於所有其他事物。我們要理解佛陀所說的「存在（有）」的意思。我們關於「存在（有）」的觀念或許與佛陀的不相同。我們不能說佛陀肯定「存在（有）」而否定「不存在（無）」，如果這樣理解，那就將像抓住了蛇的尾巴一樣。當他說：「此有故彼有」的時候，佛陀不是在試圖建立一個否定「不存在（無）」的存在理論，那是與他的本意相反的。

在西方哲學中，「自在」這個術語與佛教名詞「真如（suchness）」──事物的本來面目，不受名相束縛，不能以意識理解──是非常相近的。你不能以意識理解它，因為用名相概念去理解實相就如同以網捕虛空，因此訣竅是停止使用名相概念，以非名相立即契入實相。佛陀為我們提供了一個清除名相概念、直接體味實相的工具。如果你仍然執著於哪怕是佛教的名相概念，你也會錯失機會。你是在把筏扛在肩上。不要成為任何教條或意識形態的囚徒，即使是佛教的。

佛陀所描述的關於存在的方式就在實相的核心。它不是我們通常為自己建立的那種觀念。我們的存在觀念是二元的，是「非存在」這個概念的對立面。佛陀所試圖傳達的存在的實相不是「非存在」的對立面。他使用

如果你仍然執著於哪怕是佛教的名相概念，你也會錯失機會。你是在把筏扛在肩上。不要成為任何教條或意識形態的囚徒，即使是佛教的。

的語言與我們是不同的。當他說「我」的時候，這個我並不是任何事物的對立面。佛陀非常清醒地認識到我是由非我的因素構成的，那才是我們真正的自我。

為了體驗真正的存在我們能夠放棄有關存在和非存在的觀念嗎？當然能夠。否則修行有什麼用？在大乘佛教中，我們使用相反的概念來幫助我們清除既有的概念。如果你被「存在」的概念束縛住了，就會有「空」這個概念來拯救你。但是如果你忘記了真空中充滿了妙有，你將會執著於「空」的概念而被蛇咬傷。《寶積經》[10]（Ratnakuta Sutra）中講，寧可執著「有」，不可執著「空」。所有其他的觀念都可以用「空」的觀念來破除，然而，當你被「空」這個觀念束縛住時，那就無可救藥了。

常見與斷見

相信生前有我、死後我繼續存在是常見；相反，相信死後進入絕對的虛無是斷見。《了知捕蛇的更好方法經》中討論了這些錯誤的觀點。佛教行者必須避免落入這兩個陷阱——常見、相信有一個永恆的我（不管是大我還是小我）；斷見（成為虛無）。必須超越這兩種觀念。很多佛教徒不能這樣做，他們要麼被此概念束縛住，要麼被彼概念束縛住，反反覆覆被蛇咬傷。

相信生前有我、死後我繼續存在是常見；相反，相信死後進入絕對的虛無是斷見。

　　一天，我注視著燃燒著的香。香煙從頂端升起，在空氣中劃出很多優美的形狀。它就像活的，真的在那裡。我感到了一種存在、一種生命。我靜靜地坐著，體會著我自己和這枝香的「我」。香煙繼續嫋嫋上升，創造出各種各樣的形狀。我欣賞著它，用左手去抓它。香燃盡的最後一刻格外美麗。當另一端沒有多少香了，兩邊的氧氣更充足了，所以它大力地燃燒了一剎，呈現出一種明亮的紅色。我全神貫注地看著它。這簡直就是一次涅槃，一次偉大的入滅。但是火到哪裡去了呢？

　　當一個人即將死去時，在生命的最後一刻，他（她）常常變得非常警醒，然後生命力慢慢隱滅，就像剛才那枝香。靈魂到哪裡去了呢？我還有幾枝香，我知道如果在最後一刻，我再取一枝香與第一枝香相觸，火就會傳到這枝新香上來，香的生命就得到了延續。這僅僅是個燃料或者說條件問題。

　　佛陀的教導是很清楚的：因緣具足時，我們的感官就會發現某件事物並把它叫做「有」；因緣不再具足時，我們的感官就會發現這件事物不存在了，我們把它稱之為「無」。這是一種錯誤的知見。香盒裡有很多香，如果我一枝接一枝地點燃，香的生命就永恆了嗎？

　　佛陀活著還是死了？這是一個燃料的問題。也許你

當一個人即將死去時，在生命的最後一刻，他（她）常常變得非常警醒，然後生命力慢慢隱滅，就像剛才那枝香。

就是那燃料，延續著佛陀的生命。

我們不能說佛陀活著還是死了。實相超越了生和死，成與壞。「如何是父母未生前本來面目？」這是一個邀請，邀請你去尋找那不受生死控制的真我。

道別

新年的早晨，一起坐禪誦經之後，我們聽到人們從村裡往寺廟裡趕來。他們帶來了水果、鮮花，和慶祝「泰特」（Têt）節的一切所需物品。我幫他們裝飾佛堂，而她則在廚房裡幫忙。這時，住持回來了。看起來似乎沒有人察覺發生了什麼事情，就連那位為我們做飯的年輕女士似乎也一無所知。新年的第二天，我離開那裡回到自己的寺廟。我懷著渺茫的希望，希望能再見到她。

我回到家，就像換了一個人似的，但是我的師兄弟們卻沒注意到。雖然我說話少了，獨處的時間多了，但我的日常生活看起來一定是相當正常的。有時候，我柔聲呼喚著她的名字，以使自己從強烈的思念中解脫出來。繼續學習和修行，是我當時所能做的一切。

後來有一天，我回家時，她赫然在座。她成功地實踐了我的建議，與另一位比丘尼搬到了我們附近的一所

我柔聲呼喚著她的名字，以使自己從強烈的思念中解脫出來。繼續學習和修行，是我當時所能做的一切。

荒蕪的寺廟裡，準備在那裡建立一個小小的中心，以供尼眾們學習、修行和投身社會工作。我們六位比丘非常高興能遇到與我們有著共同理想和抱負的師姐師妹，而且大家彼此難得這麼近。我提議她們與我們一起學習佛法。

　　為了幫她的師姐提高中文水平，我讓她把一本中文書譯成越南語，那本書是一位研究佛教的中國科學家寫的。她對中文原文理解得不好，我為她檢查譯文並修改了很多章節。而對她，為了幫她提高法文水平，我給她一部關於佛教的法文書去翻譯。這樣做，可以提高她們的中文、法文水平，以及對佛法的理解。但是每次我給她上課時，我們呆在一起的時間要比必需的時間長。兩、三個星期後，我的師兄弟們看到這一情況，明白了我在戀愛（看不出來是不可能的），令我大為驚奇的是，他們容忍了這種狀態，沒有作任何批評。對他們這樣寬容態度，我至今還心存感激。

　　但是她的師姐發現以後，卻不能接受。有一天，我看到她眼裡有淚，我明白了。我知道是決斷的時候了。

　　第二天，上完課後，我說：「師妹，我想你應該到梵河（Van Ho）去，那是河內新建的一所佛學院。我們將繼續學習、修行、探索，終有一天我們會找到我們所

令我大為驚奇的是，他們容忍了這種狀態，沒有作任何批評。對他們這樣寬容態度，我至今還心存感激。

追求的一切。」那所佛學院是由一位眼界非常開闊的比丘尼主辦的，我希望她能在那裡發動一批師姐師妹，一起來實現我們所討論過的改革。這個決定做得不容易。因為這樣一來，她就要到祖國的另一邊去了，但我覺得自己別無選擇。

她垂下頭，只說了一個字：「好」。她對我是如此地信任，我怎能不覺得自己對她負有責任呢？

我被悲傷淹沒了。我心中有著眷戀的情愫，但同時理智的聲音又指出：為了我們繼續保持自我，為了成功地實現我們探索和修行的願望，這是唯一的路。

我記得我們分別的那一刻。我們面對面坐著。她看起來也似乎被絕望淹沒了。她站起來，靠近我，把我的頭擁入她的懷中，並非常自然地把我拉近她，我聽任自己被擁抱著。這是我們第一次也是最後一次身體上的接觸。然後我們互致問訊就分手了。

三法印

為了我們繼續保持
自我，為了成功地
實現我們探索和修
行的願望，這是唯
一的路。

真正的佛法一定符合三法印：諸行無常、諸法無我、涅槃寂靜。第一法印是諸行無常。沒有任何東西能夠連續兩個剎那保持不變。赫拉克利特（Heraclitus）

說：「人不能兩次踏入同一條河流。」孔夫子在注目江河時，慨歎說：「逝者如斯夫！不捨晝夜。」佛陀要求我們不要只是談論無常，而要把它作為工具，以幫助我們契入實相，從而獲得解脫的智慧。

諸行無常

我們也許想說因為事物是無常的所以才有痛苦。但佛陀卻鼓勵我們進一步觀察一下：沒有無常，生命怎麼可能產生？沒有無常，我們怎麼能夠轉化掉自己的痛苦？沒有無常，我們的小女兒怎麼能夠成長為一個如花似玉的年輕女郎？沒有無常，社會狀況怎麼能改善？為了社會正義和希望，我們需要無常。

如果你很痛苦，那不是因為事物無常，而是因為你錯以為事物有恆。一朵花凋謝時，你不會太難過，因為你知道花開易謝，原本無常。但是你卻不能夠接受你所熱愛的人遭受無常，當她去世時，你會悲痛萬分。如果你看透事物無常的本質，那麼你現在就會盡最大努力使她過得快樂。認識到無常，你會變得積極、慈悲和富有智慧。無常是好事情。沒有無常，一切都將成為不可能；有了無常，每一扇門都為變化敞開著。我們不僅不應該抱怨，相反我們應說：「無常萬歲！」無常，是我

佛陀要求我們不要只是談論無常，而要把它作為工具，以幫助我們契入實相，從而獲得解脫的智慧。

們解脫的一個工具。

諸法無我

第二法印是諸法無我。如果你相信有一個持久的、永恆存在的、獨立自主的「我」，那麼你的信仰就不能被稱之爲佛教。無常是從時間的角度來說的，無我則是從空間的角度來說的。

當我們修習《金剛經》時，愈深入地體察我、人、眾生、壽者這些名相，我們就會發現，我與非我、人與非人、眾生與非眾生、壽者與非壽者之間是沒有界限的。當我們在綠色的原野上漫步時，我們就會意識到，我們是由空氣、陽光、礦物質和水構成的，我們是大地和藍天之子，與其他所有有生命、無生命的事物都有聯繫。這就是修習無我觀。佛陀教導我們要安住於正念，諦觀互即、無我、無常，從而進入三摩地。

涅槃寂靜

第三法印是「涅槃寂靜」，涅槃的意思是「滅除」——滅除煩惱和名相。人類的三個基本煩惱是貪、嗔、癡。「癡」（avidya）是沒有能力理解事實眞相，是其他兩種煩惱的基礎。因爲愚癡，我們貪求那些會將我們毀

無常是從時間的角度來說的，無我則是從空間的角度來說的。

壞的事物，並對很多事情感到嗔怒。我們試圖按自己的設想來把握世界，結果我們很痛苦。涅槃，熄滅所有的煩惱，象徵著自由的誕生。一個事物的湮滅總是意味著另一個事物的誕生——當黑暗消失時，光明就出現了；當痛苦消失時，安詳和幸福就會出現。

很多學者說涅槃就是空，空無所有，佛教徒所追求的就是不生。他們曾經被涅槃之蛇咬過吧。在很多經典中，佛陀說，很多苦行者和婆羅門把他的教義描述成空無所有和不存在，這是錯誤的。佛陀告訴我們，涅槃是爲了防止我們執著於無常、無我這些名相；如果我們被涅槃束縛住了，我們又怎能解脫呢？

如果我們學會了怎樣靈活地運用名相概念，而不被它們所束縛，那麼名相概念就是有用的。臨濟禪師說：「佛來佛斬」，他的意思是說，如果你有佛這個念頭，妨礙了你直接去體驗佛性，你就是被你的名相概念束縛住了，解放自己、體驗佛性的唯一方法是除掉你心中「佛」這個概念。這是修行的秘訣。如果你被名相概念束縛住了，你就會失去解脫的機會。學會超越你對有關真實的心靈構想（即想蘊）是一門藝術。如果你滿腦子是名相概念，你就永遠不可能獲得解脫。學習深入地觀察事物的本質，直接體驗實相而不是用名相概念這些術語來描

一個事物的湮滅總是意味著另一個事物的誕生——當黑暗消失時，光明就出現了；當痛苦消失時，安詳和幸福就會出現。

繪它，這就是修行。

　　每個能夠經受住三法印檢驗的法就是佛法。佛陀教我們以無常作為深入觀察的工具，但是如果我們被無常束縛住了，他就提供我們無我這個工具；如果我們又被無我束縛住了，他就教給我們涅槃——滅除一切苦惱和名相概念。《百喻經》[11]中佛陀講了一個故事：有個人很渴，人們叫他到河邊去喝水，可是他看到浩浩蕩蕩的河水，卻煩惱起來，說：「我怎麼能喝得完這麼多的水呢？」他拒不飲水，最後死在河岸上。我們當中有很多人也是這樣死的。如果我們把佛法當名相概念來接受，那我們就會死於因誤會事物本質而產生的痛苦中。但是如果我們依佛法修行，運用我們自己的智慧，我們就有機會喝到水，並且渡過河流、到達彼岸。

溯源而上

　　她去河內後兩個月，我收到一封信。信中說：她完全遵循了我的建議，儘管不太容易，但事情總算有了頭緒。我寫了回信，進一步表達了我的愛與鼓勵。分開後的那段日子對我們兩個來說都是不好過的，所幸我們分處異地產生了很多良好的效果。借助時空，我們得以成

如果我們依佛法修行，運用我們自己的智慧，我們就有機會喝到水，並且渡過河流、到達彼岸。

長，看事物不同了，我們的愛也變得更加成熟了：執著的成份減少了，慈悲之花綻放了。分離沒有破壞我們的愛，反而使它更堅定了。

　　我希望你們明白這一點：對我來說，《蛇經》、《金剛經》和這個愛情故事之間沒有什麼區別。聽這個愛情故事可以幫助你們理解佛法，聽佛法可以幫助你們理解這個愛情故事。你們也許會問：「後來怎樣了？」後來怎樣了取決於你們。如果你們問：「她叫什麼名字？她現在在哪兒？」你們也許還會問：「法師是誰，他怎為了？」這個故事此刻就發生在你我身上。以一顆開放的心靈，通過深入地練習觀照，我們將有機會體驗到實相。這是《金剛經》教給我們的方法。

　　「初戀」這種表達方式容易產生誤導，所以我溯源而上，告訴你其他故事——看到雜誌封面上的佛像，在清泉中飲水，我的哥哥成為出家人，等等。如果沒有那幅佛像，沒有那眼清泉，哥哥不曾成為出家人，我怎麼會看到她呢？她是由「非她」的因素構成的，這些因素源自我的生命之流，乃至源自我出生之前。我的前世已經遇到過她了。我的「初戀」本來一直就在那裡。它沒有起點。當我領悟到這一點的時候，它漸漸變成了某種更強大的東西。摯愛的種子我們每個人的心中都有。

這些因素源自我的生命之流，乃至源自我出生之前。我的前世已經遇到過她了。我的「初戀」本來一直就在那裡。它沒有起點。

喝了隱居者山上的水，我生命之河的清流滋長壯大了。看到佛像也是匯入我生命之河的支流的一部分。同樣地，我的母親和哥哥也是我生命之河的支流。事實上，這些支流仍在不斷地注入我的生命之河。我純是由「非我」的因素——隱居者、佛、我的母親、哥哥、還有她——構成的。如果你問：「後來怎樣了？」你就是忘了我是由非我的因素構成的。因為你在那裡，所以我在這裡。後來怎樣取決於你。

把佛教帶入世界

一九五四年，日內瓦協定簽訂了，將越南分成南北兩個部分，她離開河內回到順化她原來的佛學院。我很高興，因為她和我將在祖國的同一邊，北緯十七度以南，我們還會有機會再見面。我給她寫了信，一如既往地給予全力支援。很多難民——佛教徒和天主教徒——從北方遷居到南方。那是國內一段極度混亂的時期。我寫了幾本關於入世佛教的暢銷書。一九五四年，一家報社邀請我寫一系列關於佛教的文章，以幫助人們解決現實生活中的問題。這些文章被以大幅標題登在報紙的頭版，諸如「佛教和上帝的問題」、「佛教和民主的問題」，顯示了佛教是非常令人振奮的和適應時代的宗教。

你就是忘了我是由非我的因素構成的。因為你在那裡，所以我在這裡。後來怎樣取決於你。

那一段時期，佛教機構也不穩定。我受安全佛學院（An Quan Buddhist Institute）的邀請去開設一門新課。安全佛學院是越南最有聲望的佛學院之一。我們年輕的比丘和比丘尼想實踐一種佛教，這種佛教應該是生機勃勃的，能夠表達出我們心最深處的需要，能夠幫助實現和平、和解以及我們祖國的繁榮富強。受佛學院委員會之托，開設一門新課，對我來說是實現我們夢想的大好時機。於是我召集了幾百位年輕的比丘、比丘尼以及其他人，召開了一系列會議，我們創造了一種充滿希望、信任和慈悲的氛圍。佛教寺廟聯合會的負責人曾參加過一次我們的會議，並傾聽了我們年輕出家人對祖國佛教的深切希望。

當我談到把佛教帶入社會的方法以及我認為我們所需要的修行方式時，很多人哭了。我們頭一次開始看到了希望。

我們建議安全佛學院的課程不僅應該包括基礎佛教教義部分，還應該包括西方哲學、語言、科學和其他有助於理解我們的社會和當今世界的學科。沈浸在我已經夢想了那麼長時間的情景中是令人振奮的。當然啦，我們也遭到了保守的佛教高層人士和不願接受變革的居士們的反對，但是我們卻贏得了年輕的出家二衆和年輕居

這種佛教應該是生機勃勃的，能夠表達出我們心最深處的需要，能夠幫助實現和平、和解以及我們祖國的繁榮富強。

士的支援，最終，我們的建議被採納了。我們開始出版一本雜誌，它的名字叫做《時代之蓮》（The First Lotus of the Season），寓示著年輕的比丘和比丘尼是我們這個時代的新蓮。在那本雜誌裡，我們以自然、現代的方式表達了我們自己。我之所以支援這些年輕的出家人，是因為我了解他們遇到的困難和痛苦。現在他們中的很多人在越南和西方任教。但是她當時不在那兒，她在順化，我給她寫過很多信，告訴她這裡發生的一切事情，鼓勵她，並表達了我的愛，但是我沒有收到回音。

　　一九五六年，我飛往順化。那時我在國內已經以一個關心下一代的佛教導師和作家的身份而著名了。首先，我去拜訪了我的第一位老師，我已經很長時間沒見到他了。在我的家廟裡，我與他共度了兩個星期的快樂時光。然後我去看望了家裡人，此後又在我最初上學和修行的佛學院過了幾個星期。我處處受到歡迎。

期待相見

　　我曾寫信給她，說我要來了，我以為她會請求允許在某位師姊妹的陪伴下到我的寺廟裡來看望我。那樣做是很自然的。相反如果我直接去她所在的佛學院並要求看望她則是很不合適、很唐突的。然而她根本沒有來看

我對她的愛情沒有減少，但是它不再局限於某個特定的人身上。

我，我無法理解為什麼。後來我才聽說她從來沒收到過我的信，也根本不知道我在順化。

我對她的愛情沒有減少，但是它不再局限於某個特定的人身上。我領導著數百位出家二眾，從那時候起，我們漸漸發展成幾千人。然而那份愛仍在那裡，並且變得更強大。一九五六年的越南，幾乎還沒有出家人從事社會服務工作。而今天，許多出家人同時又是醫生、護士、老師、計日服務工等等，他們每天以自己的實際行動實踐著慈悲。在梅村，我們的生活也是這種修行的一部分。入世佛教已經廣泛地擴展開來了，甚至傳到了西方。但是當初它還是新生事物，我不得不致力於著書修行以推動佛教的現實化。

如果你想知道後來怎麼樣了，請深入地反觀自身。「後來怎麼樣了？」這個問題今天仍在繼續。如果你很寧靜——微笑，專注地呼吸——我知道你必定能夠理解。但是如果你執著於我、人、眾生、壽者這些概念，你將不能理解我的真愛的本質——崇敬、信任和信仰。維持我們之間的愛的最好的方式是成為真正的自己、好好地成長、建立起深沈的自尊。如果你對自己很滿意，你就是鼓勵了我們大家，包括她和我。至今她依然以某種方式存在於我的生命裡。

維持我們之間的愛的最好的方式是成為真正的自己、好好地成長、建立起深沈的自尊。如果你對自己很滿意，你就是鼓勵了我們大家，包括她和我。

　　請沈浸到你自己的生命之河中去，看看那些已注入其中、滋養和支援著你的支流。如果你修學《金剛經》，並領悟了我、人、眾生、壽者超越了一般意義上的我、人、眾生、壽者，那麼你將會看到，你就是我，你就是她。請回憶一下你自己的初戀，你會認識到，你的初戀無始無終，永遠處於變化之中。

解脫之門

　　三解脫門——空、無相、無願——是佛教所有宗派共同的東西。第一是空解脫門（sunyata）。

空解脫門

　　「空」總是意味著某種東西空掉了，所以我們要問：「什麼空了？」如果我把一杯水都喝光了，那麼杯子裡的水就空了，但空氣卻沒有空。「空」並不意味著不存在。假如觀世音菩薩告訴我們五蘊皆空，我們不禁要問：「什麼空了？」如果我們這樣問，他會告訴我們：「一個孤立的存在空了。」這句話的意思是，「A」完全是由「非A」的因素構成的。這張紙的孤立存在空了，因爲它不可能獨自存在，它必須與所有其他事物互

請沈浸到你自己的生命之河中去，看看那些已注入其中、滋養和支援著你的支流。

為緣起。我們的這張紙是由非紙的因素構成的，如樹木、陽光、雨水、土壤、礦物質、時間、空間，以及意識。它的孤立的自我空了，但是它卻充滿了其他所有的東西。所以「空」同時意味著「充滿」。如此一來，我們就可以體會「互即互入」和「互為緣起」之教義的含義。「空」是一種解脫門，一種修行，而不僅僅是供討論的課題。深入地觀察一切事物，你會發現空的本質。當你這樣做的時候，你將會去掉分別，超越對生死的恐懼。

無相解脫門

第二個解脫門是「無相」（alakshana）。我們能以有相見如來嗎？如果我們被相所縛，我們將看不到如來。《金剛經》告訴我們：「凡所有相，皆是虛妄」。虛妄是由相產生的，所以我們的修行要超越相。如果我們被名相所縛，解脫之門就會關閉。此時我們必須以無相之鑰，打開這道門。不要試圖通過相來把握實相，不要太相信你的想蘊了。

在《金剛經》中，佛陀問：「於意云何，須菩提？可以身相見如來不？」須菩提回答說：「不也，世尊，不可以身相得見如來。何以故？如來所說身相，即非身

深入地觀察一切事物，你會發現空的本質。當你這樣做的時候，你將會去掉分別，超越對生死的恐懼。

相。」須菩提用的是般若波羅蜜多的語言，這就是爲什麼他說「如來所說身相，即非身相」的緣故。如果你能看到諸相無相的本質，你就能看到如來。我們怎樣才能發現如來呢？佛陀告訴我們，不可以用名相來見如來。這裡用了「相」這個字，我們還可以用「標誌」、「外部特徵」、「現象」、「標記」（lakshana或nimitta）等詞來表達。相或標誌決不能等同於實相本身。

因爲我們的無明和習氣力量，我們常常不能正確地理解事物。我們被自己的思想範疇束縛住了，尤其是被我、人、眾生、壽者的觀念束縛住了。我們區分我和非我，彷彿這兩者之間毫無關係似的。我們關心「我」的良好狀態，卻很少考慮所有非我的事物是否處於良好狀態。當我們這樣看事物的時候，我們的行爲就被建立在錯誤的觀念基礎之上。我們的意識就像一把劍，它將現實切成了碎片，接下來我們的所作所爲就彷彿現實的各個碎片之間漠不相關似的。如果我們深入地觀察，我們將會拆除我們精神範疇之間的諸藩籬，從而明白「多中有一，一中有多」，也即互攝互入的本質。這是爲什麼在《金剛經》裡，當佛陀回答他的弟子須菩提的提問時，使用了解脫的語言的原因。在《金剛經》裡，我們可以看到很多這樣的句子：「所言菩薩者，即非菩薩，是名菩

因為我們的無明和習氣力量，我們常常不能正確地理解事物。我們被自己的思想範疇束縛住了，尤其是被我、人、眾生、壽者的觀念束縛住了。

薩」。這種講話的方式被稱作般若波羅蜜多辯證法。它是佛陀教給我們用以使我們從名相概念的束縛中解脫出來的工具之一。

般若波羅蜜多辯證法

　　讓我們試著去理解一下般若波羅蜜多辯證法吧：所言茶杯者，即非茶杯，是名茶杯。所言我者，即非我，是名我。當我們深入地觀察我們的觀察物件「A」——一只茶杯，一個我，一座山，一個政府——時，我們可以看到其中的「非A」因素。事實上，「A」完全是由「非A」的因素構成的，所以我們可以說「A」即「非A」，或「A」不是「A」。父親是由非父親的因素構成的，包括孩子。如果沒有孩子，怎麼能有父親？深入地觀察父親，我們看到了孩子；因此，父親不是父親。同樣地，孩子、妻子、丈夫、公民、總統、每個人、每件事物也都是如此。

　　在邏輯學裡，同一律認為：「A」是「A」，「A」永遠不可能是「B」。為了把自己從名相概念中解脫出來，我們必須超越這個規律。般若波羅蜜多辯證法的第一個規律是：「A」即「非A」。看到這個，我們就明白了「A」的良好狀態依賴於諸「非A」因素的良好狀態。

如果我們深入地觀察，我們將會拆除我們的精神範疇之間的諸藩籬，從而明白「多中有一，一中有多」，也即互攝互入的本質。

人的健康存在依賴於大自然中「非人」因素的健康存在。當你對「人」有了正確認識、知道人是由「非人」的因素構成的時候，用人類的真實名字來稱呼人類是不成問題的——諸如樹、空氣、女人、魚或男人等等。我們也應該以同樣的方式來看待佛。佛是由非佛的因素構成的。開悟是由非開悟的因素構成的。法是由非法的因素構成的。菩薩是由非菩薩的因素構成的。上述這些陳述句存在於《金剛般若波羅蜜經》中，它們是練習第二個解脫門——無相解脫門的方法。

　　如果我們只是學習三解脫門而不付諸實踐，它們對我們來說就沒有任何作用。為了打開無相之門，進入自性、實相的王國，我們必須在日常生活中練習覺照。觀察每一件事物，我們都可以看到它互攝互入的本質。我們看到我們國家的總統是由非總統的因素構成的，包括經濟、政治、憎恨、暴力、愛等等。深入地觀察那個作總統的人，我們就可以明白我們國家和世界的真實狀況。每一種與我們的文明相關的事物都可以在他的身上找到——我們愛的能力、恨的能力以及一切。每件事物中都包含著其他所有事物。我們應當接受我們的政府和我們的總統，因為他們反映了這個國家的現實——我們思考和感覺的方式，我們日常生活的方式。當我們知道

佛是由非佛的因素構成的。開悟是由非開悟的因素構成的。法是由非法的因素構成的。菩薩是由非菩薩的因素構成的。

「A」不是「A」時，當我們知道我們的總統不是我們的總統、他是我們時，我們將不會再責備或譴責他。知道總統只是由非總統的因素構成的，我們就明白了該往何處使勁，以便改善我們的政府和總統——我們必須照顧好我們心中和我們周圍的一切非總統、非政府因素。這不是一個用來討論的問題，而是實踐的問題。

凡所有相，皆是虛妄

「凡所有相，皆是虛妄」，《金剛經》裡的這句話突然間變得清晰起來。在我們深入地觀察事物的真相並發現它互即互入的本質之前，我們一直被名相概念所愚弄。當我們看到諸相之無相本質的時候，我們就是見到了佛。在我們看到了「A」的本質——即「非A」——之後，我們才算觸到了「A」的真實面目。在禪宗裡有人這樣講：「未修行前，見山是山，見水是水。初修行時，見山不是山，見水不是水。修行有素之後，依然見山是山，見水是水。」這是不難理解的。

名相概念，即使是關於佛和法的名相概念，也是危險的。一位禪師很反感「佛」這個字，因為他知道很多人誤解了它。一天，在一次講法中，他說：「我討厭『佛』這個字。每當我不得不說這個字的時候，我都要去

在我們深入地觀察事物的真相並發現它互即互入的本質之前，我們一直被名相概念所愚弄。當我們看到諸相之無相本質的時候，我們就是見到了佛。

河邊漱口三次。」滿座大眾寂然無聲，直到有一個人站起來說：「師父，我也討厭『佛』字。每次我聽到您說起這個字，我都要到河邊洗耳三次。」這個公案意味著我們必須超越語言文字和名相概念，進入無相之門。「佛來斬佛」是一個誇張的表達方式，意思是說我們必須斬掉有關佛的名相概念，以便為真正的佛創造機會。

　　《金剛經》的這些教導與《了知捕蛇的更好方法經》中的教導是緊密相連的。我們必須小心謹慎，不要被任何東西束縛住，即使是被佛陀的教導束縛住也不可以。就如《金剛經》所說：「是故不應取法，不應取非法」。如果你認為法的概念是危險的，那麼你可能會喜歡非法的概念。但是非法的概念甚至更危險。這就是佛陀說下面這段話的意思：「汝等比丘，知我說法如筏喻者。法尚應捨，何況非法！」為了得到真正的法意，你必須將法與非法一同斬掉──法尚應捨，何況非法！

　　修行最好的方法是根據無為的精神，不去執著任何形式。假設你坐禪坐得非常好，大眾都看到了，知道你是一個精進的行者。你的坐姿無可挑剔，這時你開始感到沾沾自喜。當別人都睡過了時間而沒能及時趕到禪堂時，唯有你一個人端端正正地坐在那裡。如果心裡帶著這種感覺，你從修行中獲得的法喜將是有限的。但是如

我們必須小心謹慎，不要被任何東西束縛住，即使是被佛陀的教導束縛住也不可以。

果你認識到你在為每一個人修行；即使整個團體都睡著了而只有你一個人在坐禪，你的坐禪也將對每個人有益，此時你的法喜將是不可限量的。我們應該以這種方式修禪——以無為的精神，不拘於形式。

六波羅蜜

佛陀教我們修「六波羅蜜」，又稱「六度」。第一波羅蜜是修布施（dana）。修布施波羅蜜應不執於相而修。「若菩薩不住相布施，其福德不可思量」。當你主動去清掃廚房或洗鍋時，如果你是作為菩薩在修行，當你這樣做時，你將獲得巨大的喜悅和快樂。但是如果你有這種感覺，認為「我做了很多活兒，別人卻絲毫不幫忙」，你將會感到煩惱，因為你的修行是建立在形式和我與非我的分別的基礎之上。

當你把釘子釘進木頭中的時候，如果你偶然砸了手指頭，你的右手會放下錘子，照護左手。此時沒有分別：「我是右手，正在給你——左手，提供幫助。」幫助左手就是幫助右手。這是不著於相的修行，由此而導致的喜悅是不可限量的。這就是菩薩修行布施和利他的方式。如果我們帶著怒氣和分別心去洗盤子，我們的喜悅將不滿一茶匙。

當你主動去清掃廚房或洗鍋時，如果你是作為菩薩在修行，當你這樣做時，你將獲得巨大的喜悅和快樂。

　　菩薩所修行的第二波羅蜜是持戒波羅蜜（silaparami-ta）。持戒我們也應以不住於相的精神來修。我們不應該這樣想：「我在持戒，而不是你。我在努力持戒。」有些人吃素不住於相。他們甚至根本沒有這個念頭，即他們吃素而別人不吃素。他們只覺得吃素是自然而快樂的。此時戒律成了一種保護而不再被視為是對自由的束縛。

　　其他波羅蜜的修行也是如此——忍辱（ksantiparami-ta）、精進（viryaparamita）和禪定（dhyanaparamita）。菩薩修行不住於相，這就是為什麼他（她）的修行　是一種非修行的修行的緣故。你修行，然而你不認為自己是在修行，這就是修行的最高級形式。

　　第六波羅蜜是修智慧，即般若波羅蜜。它是一切波羅蜜的基礎，有時它被描述成一個罐子，內面裝著所有其他的波羅蜜。你需要一個好罐子打水，否則水就會漏出來。如果你不修般若波羅蜜，你就會像一隻沒燒好的土罐，水將滲漏出來而流失了。般若波羅蜜也被描述成一切佛菩薩之母。那些修禪觀（vipasyana）的人，是它的孩子。這些都是《般若經》中的重要比喻。

你修行，然而你不認為自己是在修行，這就是修行的最高級形式。

無願解脫門

第三解脫門是無願解脫門或無爲解脫門（apranihi-ta）。它的意思是沒有什麼東西可追求，沒有什麼東西可得到或實現，亦沒有什麼東西可執著。這個觀點在很多經典中都可以看到，不僅在大乘經典中，就是在早期的經典如《了知捕蛇的更好方法經》中也能看到。

我們所有人的身心內部都有一種鬥爭的傾向。我們相信幸福只在未來才會成爲可能。認識到我們已經達到了、我們不必再遠行了、我們已經在這裡了，可以給我們帶來安寧和快樂。我們幸福的條件已經具足了。我們只要允許自己活在當下，就能體會到它。爲了幸福，我們還要尋找什麼？一切東西都已經具足。我們不必在自己前面放置一個追逐的目標，然後相信在得到它以前自己不可能幸福。因爲目標永遠是在將來，我們永遠也不可能追上它。我們已經在淨土裡了，已經在上帝的國度裡了。我們已然是佛。我們只要清醒過來，認識到我們已在這裡就可以了。

佛陀的一個基本教導是，幸福地活在當下一刻是可能的。Drishta dharma sukha vihari是梵文的表達方式。法安住於當下。法不是一個時間問題。如果你修法，如果你與法相應，並根據法而生活，幸福和安寧將立刻與你

認識到我們已經達到了、我們不必再遠行了、我們已經在這裡了，可以給我們帶來安寧和快樂。

同在。只要你一擁抱法，你身心的淨化就開始了。

　　在大乘佛教教義裡，真實有兩個層面——歷史的層面和終極的層面。從歷史的層面來看，似乎有某種東西需要實現；從終極的層面來看，你已經是你想成為的那個樣子了。以後當我們接觸到《法華經》的教義時，我們將能更深刻地理解無為解脫門的含義。

僧伽／團體

　　當我離開高地上的徹悟寺、回到西貢僧團時，有很多次我輕輕地呼喚著她的名字，以排解自己的孤獨感。對此我的師兄弟們沒有說什麼，他們只是默默地在那裡支持著我。

　　如果你有一個彼此互相支援的僧團，要培養你的菩提心就容易多了。在現實修行的過程中，如果沒有一個人理解你、鼓勵你，你的修行願望就有可能減弱乃至消失。你所處的僧團是由你的家人、朋友和同修構成的。他們是土壤，而你是種子。不管種子多麼飽滿，如果土壤不提供養料，這顆種子終究會死的。一個好的僧團對修行來說是至關重要的。請找一個好僧團吧，或者幫忙創建一個。

不管種子多麼飽滿，如果土壤不提供養料，這顆種子終究會死的。

佛門三寶

　　佛、法、僧是佛門裡的三寶，其中最重要的是僧寶。「僧」包括「佛」和「法」。一個好老師固然重要，而修行過程中的師兄弟、師姊妹更是成功的主要因素。你不可能把自己鎖在屋子裡就開悟了。身心的轉化只有在你與外物接觸時才可能發生。當你觸摸地面時，你會感到大地的堅實，並且感到自信。當你觀察到陽光、空氣、樹木的存在具有相對穩定性的時候，你就可以指望看見太陽每天升起、空氣和樹木每天照常在那裡。當你修建一所房子的時候，你會把它修建在堅實的地面上。所以在修行過程中，你要選擇可以依賴的堅定的朋友。

　　皈依僧意味著把你的信賴和依託寄於一個擁有堅定成員的共修團體。你不必刻苦修行，只要呆在一個好僧團裡就行了。這個僧團的成員應該是快樂的，他們深深地安住在生命中的每一個日子和分分秒秒。每個人坐著、走路、吃飯、工作和微笑的方式對你來說都是靈感之源，因而身心之變化毋需努力就發生了。假如把一個受到困擾的人安置在一個好僧團裡，那麼只要呆在那兒就足以給他的身心帶來變化。我希望西方人把他們的修行團體組織成像一個個大家庭一樣。在亞洲的僧團裡，

當你修建一所房子的時候，你會把它修建在堅實的地面上。所以在修行過程中，你要選擇可以依賴的堅定的朋友。

我們彼此稱呼對方為師兄弟、師姊妹、師姑、或師叔，我們把老師叫做師父或師母。為了促進我們的修行，修行團體中需要這樣一種家庭式的手足情誼。

兩千五百年以前，釋迦牟尼佛宣布下一位佛叫做彌勒佛，意思是「慈悲之佛」。我想彌勒佛或許是一個團體而不是一個個體。我們需要一個好團體來抵制這個時代的種種不健康因素。正念生活可以保護著我們，並幫助我們走向和平。在修行中，借助朋友們的支援，和平才有機會實現。

如果當時沒有一個彼此互相支援的僧團，對我來說，要堅持修行就會困難得多。她沒有這樣的共修團體，所以修行對她來說就比較困難。我寄往河內的信她收到了，但寄往順化的信她沒收到。我無法使她得知情勢的發展──幾百名年輕的出家二眾得到了修行和濟世的新機會，因而她開始感到孤獨了。在那段時間裡，我對她的愛一直在有增無減。我開始到處都能看到她。我所遇到的每一個出家人都成為我們愛的一部分，同時我覺得她也是這種變化的一部分。我沒意識到她因為沒有接到我的信變得多麼孤獨。

正念生活可以保護著我們，並幫助我們走向和平。在修行中，借助朋友們的支援，和平才有機會實現。

愛與菩提心

愛與菩提心有很大關係。在我這種情況下，愛與做一個比丘、爲整個世代人和整個社會而修行的願望相聯繫。剛開始的時候，有誘惑和內在的衝突，但是這種衝突在二十四小時之內就開始轉化了。我們在一起的第二天，我們就已經只談論作爲一個出家人應如何繼續修行的話題了。菩提心是我們的支柱和保護。乃至敲門邀她下來到禪室談話的願望都被壓制了。我們不必做任何努力去持戒，我們已是在持戒了。感謝我們的菩提心，我們很自然地持守了戒律，是它保護了我們。

當你被菩提心——致力於爲衆生的利益而修法的強烈願望——所振奮時，這就是你所需要的一切。菩提心是你內在力量的源泉。你能爲別人所做的最好的事情就是幫助他們發現內在的菩提心。菩提心的種子已經有了，問題是怎樣給它澆水、使它萌芽。養護菩提心的最重要的途徑之一就是找到一個好的僧團。如果你有一個快樂的僧團，成員們心中充滿了修行和濟世的願望，你將成長爲一個菩薩。我一直告誡梅村的出家人和居士，如果他們想在修行上取得成功，就必須找到與他人和睦共處的方法，尤其是與那些棘手的人。如果在僧團裡尚且不能成功，那他們又怎能在僧團之外獲得成功？成爲

感謝我們的菩提心，我們很自然地持守了戒律，是它保護了我們。

一個出家人不僅要面臨師生關係，還包括與每一個僧團成員的關係。得到每個僧團成員的肯定才是一真法印。

一九七六年，越南政府想建立一個政府支援的佛教組織，以代替佛教寺廟聯合會。他們散布謠言，說我在巴黎死於心臟病發作。越南的年輕出家人對我有著強烈的信仰。他們知道我正在盡力幫助和保護他們。在巴黎，通過佛教寺廟聯合會和平使團辦公室，我們與國際特赦組織和其他人道主義組織保持著聯繫，每次有諸如逮捕出家人等政府侵權事件發生，我們都要訴諸於新聞報導和其他機構，以便他們介入。這也是政府決定取締佛教寺廟聯合會、建立他們自己的佛教組織的原因之一。他們已經拘捕了佛教寺廟聯合會的領導人Thich Quang Do和 Thich Huyen Quang（直到一九九五年，他們仍在獄中）。他們想擾亂人們的思想，暗中破壞人們從我們這些住在巴黎的人的身上所感受到的支援。當我死於心臟病發作的謠言傳到西貢的Tu Nghiem Pagoda比丘尼道場時，一位年輕的比丘尼昏倒了。

請你微笑

你為什麼昏倒了，姊妹？很多人在為和平和社會正義鬥爭的時候被殺害了，但是沒有人能毀滅他們。存在

著的不可能停止存在，不存在的不可能突然存在。耶穌、甘地和馬丁路德·金恩還依然活著，他們就活在我們心中，活在我們身體的每一個細胞裡。下一次如果你再聽到有關我的死訊，請你微笑吧。微笑將帶給你巨大的智慧和勇氣。不必悲傷，不僅因為這消息是假的，更因為，所有被菩提心所激發的年輕出家人能夠繼續修行下去，即使沒有我。

「我」在哪兒？「非我」在哪兒？誰是你的第一個愛人？誰是最後一個？我們的第一次愛和最後一次愛有什麼區別？存在著的事物怎麼會消失？Tu Nghiem Pagoda的比丘尼與仍在順化尼眾道場，我的心愛的人兒之間有什麼聯繫？「凡所有相，皆是虛妄」，如果你想體驗我的愛，請體驗你自己吧。

水是溢出來還是被蒸發掉要看季節。它是方的還是圓的要看容器。水在春天是流動的，在冬天是凝固的。它的極大不可測量，它的源泉不可追溯。碧溪藏龍王，寒潭映明月。菩薩的柳枝，遍灑慈悲之甘露，一滴可以淨化、改造十方世界……你能以形色來把握「水」嗎？你的初戀也是如此。它無始無終，仍然活著，活在你的生命之河裡。不要以為它只存在於過去。深入地觀察你初戀的本質，你將會看到佛。

「凡所有相，皆是虛妄」，如果你想體驗我的愛，請體驗你自己吧。

　　當我發現她很痛苦時，我邀請她加入到我們中間來，但是這些信她同樣沒有收到。因爲感到被遺棄了，她失去了活力，最後離開了僧團。愛是一個偶然事件，但我們沒必要迴避或者譴責它。這種偶然事件可能會給我們帶來某種痛苦，但是如果我們深深地被菩提心——給衆生帶來幸福的強烈願望——所鼓舞，我們就擁有了一個護法神，因而我們將能夠絕處逢生。擁有一個好僧團，你將得到比較好的保護。當你被丘比特之箭射中時，如果你處身一個彼此互相支援的僧團中，你將能夠繼續修行，你的愛將得到昇華。沒有一個好僧團，你將是很脆弱的。請努力組建一個好的僧團吧，它是筏，可以助你在狂亂的時刻死裡逃生。「皈依僧」是一個強而有力的誓言。有一個好僧團，你將能夠深刻地體驗到佛、體驗到法、體驗到你自己。感謝僧團，它幫助我度過了很多艱難時刻，成爲很多人（包括她）的力量源泉。

華藏世界

愛是一個偶然事件，但我們沒必要迴避或者譴責它。

　　《華嚴經》是佛教最優美的經典之一。「華嚴」的意思是「花飾、花環或花冠」，或是「以鮮花裝飾佛」。

難道佛不夠美嗎？為什麼我們要用花裝飾他呢？這部經中的佛不僅僅是人，他超勝於人。

歷史上的佛——釋迦牟尼，誕生於二六〇〇年前的迦毗羅衛國。他結過婚，有一個孩子，為了修行離開了家庭。他開悟後成為一個著名的導師，幫助過很多人，八十歲的時候，逝於拘屍那（Kushinagara）。一天，他的一個名叫阿那律（Aniruddha）的弟子正在舍衛城（Sravasti）的街道上行走，這時他被一群外道攔住了，這些人問他：「佛死以後，是繼續存在還是不再存在了？」佛陀在世的時候，有很多人做過這樣的努力，試圖理解真正的佛。

阿那律告訴他們不知道。後來，當他回到祇陀園，向佛陀彙報剛才發生的事情的時候，佛陀告訴他「理解佛是困難的。當你以色、受、想來考察佛的時候，你能通過這些事物把握住佛嗎？」

阿那律回答說「不能，世尊。」接著佛陀問「你能離開色、想、識而找到佛嗎？」「不能，世尊。」他回答道。佛陀說：「我就在你面前你尚且不能明白我，你又怎麼指望我去世以後能把握住我呢？」佛陀把他自己叫做「如來」（Tathagata），「來自真如」、「回歸真如」，或曰「不來不去的人」，因為真如不能用「來」、「去」

「理解佛是困難的。當你以色、受、想來考察佛的時候，你能通過這些事物把握住佛嗎？」

來限定。

　　當跋迦利[12]（Vakkali）比丘在一個陶工家裡臨終之際，佛陀去看望他，他到的時候，跋迦利試圖坐起來，可是佛陀說：「不，跋迦利，請像原先那樣躺著。」接著，佛陀問他感覺怎麼樣，痛不痛，跋迦利說：「很痛，世尊。」佛陀問他是否有什麼事情覺得遺憾的，跋迦利說：「世尊，我只遺憾我沒能多去看看您。」佛陀說：「跋迦利，如果你修習佛法，你就是永遠同我在一起，這個身體不是我。」佛經裡有很多這類故事。佛陀並不只是這個色身。他是活著的法，當你修學成佛之道時，你會發生變化，並將永遠同佛在一起。

　　滅度前，佛陀告訴他的弟子們說：「朋友們，這只是我的色身，只要你們繼續修行，我的法身將與你們同在。皈依法吧，以自己為州嶼。佛就在那裡。」他的話是非常清楚的。如果你去體會活生生的法身（Dharmakaya），你將不會再抱怨你生在佛陀之後兩千五百多年、沒有機會親近他、跟他學習了。佛的法身永遠存在，永遠是活著的。哪裡有慈悲和智慧，佛就在哪裡，我們就可以看見和體會他。作為活著的法，佛有時被稱為毗盧遮那[13]（Vairochana）。他是由光明、鮮花、快樂和寧靜構成的，我們可以同他散步、與他坐在一起，並且

佛陀並不只是這個色身。他是活著的法，當你修學成佛之道時，你會發生變化，並將永遠同佛在一起。

握他的手。當我們進入華藏世界的時候，我們所遇到的佛就是毗盧遮那。

光明熾盛

　　華藏世界光明熾盛，佛菩薩們都是光身，讓你自己沉浸於佛菩薩的這種覺悟之光裡吧。在那裡，每一個覺悟了的生命的毛孔都流瀉出光明，閃耀在四面八方。在華藏世界時，你變成了光，而且你自己也開始發光。允許你自己被光所改變吧，覺照是光。當你獨自一個人練習行禪的時候，深深地享受著每一步，此時你就會散發出覺照、快樂和安寧之光。每次我看到你們這樣行走時，我就會被你們所散發出的某種光所攝服，突然間回到當下。然後我也開始慢慢地走起來，深深地享受著每一步。以同樣的方式，你可以聽任自己沉浸在遍布華藏世界一切處的光明之中，這樣做時，你也將成為一個發著光的菩薩。讓我們大家一起進入華藏世界並沉浸於其中吧，以後，我們也將為後來人開啟這道門。

　　進入華藏世界，我們會面對無盡的空間，華藏世界廣闊無邊，有足夠的內在空間和外在空間給每個人，因為那裡的生命由修行而積累起來的功德非常廣大，而且他們的時空永無窮盡，所以他們擁有很多自由。華藏世

允許你自己被光所改變吧，覺照是光。

界裡的佛菩薩們歡迎我們，為我們提供無限的空間，在那裡我們感到非常自由、非常舒適。

層層無盡都是花

　　我們看見的第三件東西是花，到處都是花。前、後、左、右、上、下，滿目都是花。實際上，在華藏世界裡，我們用來看東西的眼睛變成了花，用來聽東西的耳朵變成了花，用來講話的嘴唇變成了花，用來端茶的手也變成了花。那裡還有巨大的蓮花，大到足夠三、四個人坐在上面！這些蓮花中的每一朵都有一千多個瓣，當我們凝視其中的一片花瓣時，會看到這片花瓣中有另外一朵千瓣蓮花，而這朵蓮花並不比第一朵蓮花小。如此重重疊疊，層層無盡。這聽起來或許不可思議，但在華藏世界卻是真真切切的事情。在那裡，我們不能說一件東西比另一件東西大或小。大和小的概念不存在了，一和多的概念也不存在了。當我們看到第二朵蓮花的一千個花瓣，每一片花瓣同時也是一朵完整的千瓣蓮花時，我們即是看到了一中的多和多中的一，看到了互攝互入的奇蹟。

　　除此之外，我們還看到了別的什麼呢？我們看到了浩瀚之「海」。我們所得到的功德，我們所享受到的快

在那裡，我們不能說一件東西比另一件東西大或小。大和小的概念不存在了，一和多的概念也不存在了。

樂，以及我們所體驗到的安寧是如此廣大，以致於沒有別的辦法來形容它。在華藏世界裡，「海」這個字被多次使用——功德海、喜悅海、覺海、願海……我們發誓要為眾生帶來幸福——我們的誓願是如此宏大，以致於只有「海」才能容納得下；我們所體驗到的安寧和快樂是如此廣大而強烈，以致於我們只能使用「海」這樣的字眼兒來描述。

華藏世界也充滿了珍寶——覺悟、智慧和幸福的珍寶。我們所感受到的每一件事物都是使我們快樂的珍寶。我們不必佔有它們，因為每一件珍寶都是為了我們的快樂而存在的。這裡的每個人、每件事物都是珍寶，每一分鐘也是珍寶，而且每件珍寶裡都含有大量別種珍寶。我們不必屯積它們。一件珍寶就足夠了，因為在那個世界裡，每一個「一」都包含著「一切」。《華嚴經》裡使用了「因陀羅網[14]（Indra's jeweled net）」這個比喻，來形容一切事物互相作用、互相交錯所導致的千變萬化。這張網是由無數種閃爍的珠寶織成的，每一件珠寶都有無數個面。每一件珠寶都能映出網上所有其他的珠寶，而它的影像也映在所有其他的珠寶上。從這個角度來看，每一件珠寶都包含了所有其他的珠寶。在這裡我們不必貪心，一顆小珠寶就足以使我們心滿意足了。

我們的誓願是如此宏大，以致於只有「海」才能容納得下；我們所體驗到的安寧和快樂是如此廣大而強烈，以致於我們只能使用「海」這樣的字眼兒來描述。

美麗雲彩

華藏世界裡有很多美麗的彩雲。在佛經中，雲代表雨，而雨象徵著喜悅，沒有雨，什麼東西都不能生長。這就是我們為什麼談及法雨、五彩繽紛的法雨的原因。彩雨和彩雲保護著我們，為我們帶來很多快樂和幸福。菩薩要經歷的十地[15]之一是「法雲地」，在這一地裡，菩薩用他（她）的法雨，為很多人帶來幸福。

在華藏世界裡我們還發現了很多優美的獅子座[16]。想像一下眾多優美、舒適的座椅，是適宜給獅子坐的，那種帶著威嚴、力量和自信緩步行走的雄美的生命，當我們進入華藏世界、看到菩薩這樣走路時，感到深受鼓舞。任何時候只要我們想坐下來，都會發現有一個製作精美的獅子座已經為我們準備好了。我們只要坐在那裡就行了，不必做其他任何事情。在華藏世界，我們的快樂、安寧和喜悅是無窮無盡的。

華藏世界裡還有華美的幡蓋，象徵著我們安住於其中的覺照的溫暖和喜悅。當我們在覺照中與自己和諧相處時，我們就安住於溫暖和喜悅之中。在覺照的保護下，我們擁有了深刻的覺悟和真正的安寧。進入華藏世界使我們遇到了所有這些美妙的事物。

每一件珠寶都能映出網上所有其他的珠寶，而它的影像也映在所有其他的珠寶上。從這個角度來看，每一件珠寶都包含了所有其他的珠寶。在這裡我們不必貪心，一顆小珠寶就足以使我們心滿意足了。

尋找佛陀

　　到了華藏世界以後，我們或許想向佛陀表示一下自己的敬意。讓我們進入《華嚴經》的第二十卷、找找釋迦牟尼佛吧！我們詢問他的下落時，有人告訴我們他在夜摩天宮[17]，於是我們問怎麼能到那兒？但是我們剛朝那個方向走了一兩步，另外的人又指點我們說佛陀已經在這裡了。我們不必去夜摩天宮了。真的，我們看見釋迦牟尼佛就坐在我們面前的菩提樹下。我們也許會想，優樓頻羅村（Uruvela Village）是在地球上，位於印度，可是在這裡，在華藏世界，我們卻看見了菩提樹下的佛陀，以及優樓頻羅村的孩子們。

　　隨後又有人從夜摩天宮來，告訴我們佛陀在夜摩天宮。這是令人困惑的。一個人怎麼能同時在兩個地方？他怎麼能同時在菩提樹下，又在夜摩天宮？但是這卻是華藏世界裡發生的真實的事情。接著另外一個朋友又告訴我們說，佛陀在靈鷲山，現在正在宣講《法華經》，且不只是在二千五百年以前。佛陀怎麼能同時在三個地方？但是不一會兒我們發現，佛陀同時遍一切處，像這樣的事情就發生在華藏世界裡。因為那裡有那麼多光明、那麼多喜悅，還有那麼多珠寶，釋迦牟尼同時遍一

在覺照的保護下，我們擁有了深刻的覺悟和真正的安寧。

切處就成爲了可能。

實際上，不僅釋迦牟尼能夠上演這種奇蹟，華藏世界裡的每個人都同樣能夠做到。我們也可以同時遍一切處。從宇宙的任何一點上，人們都能夠感受到我們的存在，不管我們和他們處於什麼位置。我們根本不受時空限制。我們滲透在每一個地方，我們就在每一個地方。任何時候，如果有人以深深的觀照來體驗某件事物，他或她就將感受到我們的存在。這聽起來也許不可思議，但是在華藏世界裡，事情總是這樣的。

一花一世界

無論什麼時候，只要我們觸摸一下花朵，我都能觸摸到太陽，然而自己卻不會被灼傷。當我觸摸這朵花的時候，不必飛向天空，我已觸摸到了一朵雲；當我觸摸這朵花的時候，我同時感受到了我的心、你的心以及那顆大行星地球的存在。這就是華藏世界。只要我們契悟了事物互即互入的本質，這種奇蹟是可能的。如果你真正深入地來感觸一朵花的話，你將觸摸到整個宇宙。宇宙既不是「一」也不是「多」。當你觸摸「一」的時候，你觸到了「多」，而當你觸摸「多」的時候，你觸摸到了「一」。你也可以像釋迦牟尼佛那樣，同時遍一切處。想

無論什麼時候，只要我們觸摸一下花朵，我都能觸摸到太陽，然而自己卻不會被灼傷。

像一下，你的孩子或愛人現在正撫摸著你。再深入地觀
照一下，你會看到無數個自己正融入一切處，與每個人
和每件事物互攝互入。

　　我在越南呆了不到二十五年，可是那兒已有好幾代
年輕的出家人和居士通過我的書、錄音帶（那些書都是
手抄本，在地下暗暗地流傳。）以及通過練習行禪和深
入觀察認識了我。通過這些東西，我在與歐洲和北美的
人民、花草樹木、河流湖沼接觸的同時，依然能夠與越
南的人民、花草樹木，以及越南的山水保持著聯繫。實
際上，一個掌聲可以傳達到無數個星系。一個聲音的影
響是不可測量的。你的每一瞥、每一個微笑和每一句
話，都能到達宇宙的遠方，影響著宇宙中每一個有生命
和無生命的存在。每一件事物都與所有其他事物相聯
繫；每一件事物都滲透入所有其他事物之中。這就是華
藏世界，這也是我們的世界。通過深入觀察和深入體
會，我們能夠把這個世界變成華藏世界。我們愈是練習
深入觀察，就愈會有更多的光明存在，就愈會有更多的
花、更多的海、更多的空間、更多的幡蓋、更多的珠寶
和彩雲。這全取決於我們。

　　佛放大光明

你的每一瞥、每一
個微笑和每一句
話，都能到達宇宙
的遠方，影響著宇
宙中每一個有生命
和無生命的存在。

普照於十方
悉見天人尊
通達無障礙

當你放光時，你就是在幫助人們看東西，因為你的
光把人們照醒了。佛陀放出大光明，照亮了十方世界。
每一個人都可以自由地、毫無障礙地看到他。

佛坐夜摩宮
普遍十方界
此事甚奇特
世界所希有

佛陀怎麼能坐在夜摩天宮裡而同時又遍布宇宙的一
切處呢？這是一個奇蹟。但是不僅佛陀能夠演出這種奇
蹟，我們所有的人都能。我們坐在這裡，但是我們的生
命、我們的存在卻遍布整個宇宙。具有某些悟性和覺照
的人們在他們發現他們自己的地方，同時也能體會到我
們的存在。去體會吧，你就會明白。你會體驗到你想體
驗的東西，就在你所在的地方。去傾聽吧，並在內心體
認它，不必讀任何書。

不僅佛陀能夠演出
這種奇蹟，我們所
有的人都能。我們
坐在這裡，但是我
們的生命、我們的
存在卻遍布整個宇
宙。

諸法無來處
亦無能作者
無有所從生
不可得分別

　　所有事物都沒有起源。它們不是從任何地方來，因為它們超越了有和無的概念。它們不必受生。它們不能用我們的觀念來理解，或者用我們的思維範疇來分別。它們沒有從任何地方來，也不向任何地方去。沒有作者或創造者。這就是實相的本性。當我們超越了生與死、創造者和被創造者的概念時，我們只能親身去體會和經驗那些事物。所有的事物都沒有起源，因此它們沒有生。因為它們沒有生，也就不可能有滅。這就是華藏世界裡事物存在的方式。

一切法無生
亦複無有滅
若能如是解
斯人見如來

當我們超越了生與死、創造者和被創造者的概念時，我們只能親身去體會和經驗那些事物。

　　如果你能夠契入不生不滅及諸法實相，那麼，對你來說，要領悟佛就不是那麼困難了。

　　這些詩引自《華嚴經》第二十卷。《華嚴經》裡有很多同樣優美的詩句，由於我們已經明白了深刻地體會一件事物就是體會整個宇宙的道理，因此我們就不必一一引述它們了。

　　當我們在華藏世界裡漫步的時候，吸進來的是佛，呼出去的是佛，走在佛上，坐在佛上，我們覺悟到這裡的佛是毗盧遮那，是活著的法，是真如實相，是自性，而且我們同他是一體的。華藏世界是這樣地令人快樂，而且伸手可及。它是一個只要我們想去，當下就可以去的地方，那是一個充滿了光明、大海、法雲、珍寶、獅子座和香花的世界。我們現在在這裡就能看到它。我們不必浪費一秒鐘生命，我們只需步入華藏世界就能徹底地享受生命。

　　華藏世界是我們心的產物。無論是我們生活在充滿了痛苦、分別和戰爭的娑婆世界[18]（the saha world），還是生活在充滿了花鳥、安寧、慈悲和智慧的華藏世界，這完全取決於我們。宇宙是唯心所造，每一件事物都來源於我們的心。如果我們的心充滿了矛盾和妄想，我們就會生活在一個充滿了矛盾和虛妄的世界中。如果我們

它是一個只要我們想去，當下就可以去的地方，那是一個充滿了光明、大海、法雲、珍寶、獅子座和香花的世界。

的心是純淨的，充滿了正念和慈悲，我們就是生活在華藏世界裡。

宇宙是多瓣蓮花

在《華嚴經》裡，宇宙被描述成一朵多瓣蓮花，每一片花瓣，同時又是一朵完整的蓮花，如此層層無盡。在華藏世界裡，任何時候只要我們觀察一樣東西，我們總能從中發現宇宙中所有的東西。在這裡，大和小的概念不存在了。當我們面對大海時，也許會感到，同大海相比，我們是那麼地渺小和微不足道；當我們遙望繁星滿天的夜空時，也許會產生這種感覺，即我們根本什麼都不是。但是宇宙很大我們很小這個想法只不過是我們的觀念，它是由心產生的，不是客觀事實。當我們認真地觀察一朵花的時候，我們能夠看到其中包含著整個宇宙。一片花瓣就是整個花朵和整個宇宙。在一粒塵埃裡有很多佛土。當我們這樣進行思惟修時，我們關於小和大、一和多的概念就將逐漸消失。

一朵花代表著整個宇宙這個意象可以教給我們很多東西。在《金剛經》裡，我們清除了我與非我、人與非人、眾生與非眾生、壽者與非壽者之間的分別。現在在《華嚴經》裡，我們發現所謂的生物與非生物從根本上沒

宇宙很大我們很小這個想法只不過是我們的觀念，它是由心產生的，不是客觀事實。

有什麼區別，生物就是由非生物因素構成的。科學家們發現，以前我們以為是無生物的東西實際上卻包含著生命。我們無法在生物和非生物之間劃一條線。當我們這樣看地球時，我們可以把這整個星球視為一個有機體，於是我們就不會再區別人與非人、動物與植物、植物和礦物了。我們一直把地球當作一個生物的美麗軀體，我們知道，對這個軀體的任何所屬部分的傷害都會傷及整個機體。它就像是一朵花或一個人，對一個細胞的任何行為都會影響到整個生命。如果你明白地球是一個活的有機體，你就會知道該怎樣去保護她，因為保護地球和大氣層就是保護我們自己。每一件事物都是與所有其他事物相互聯繫的。拯救我們的星球就是拯救我們自己和我們的子孫後代。這是佛陀的教導中一個深刻的觀念。佛教出家人被禁止燒山伐木，沒有正當理由連割草也不行。

在日課中，沙彌們每天要誦「眾生無邊誓願度」，這是《金剛經》的教導。我們保護地球是因為我們對生物和非生物都充滿了慈悲和尊敬。那些想保護地球的人應該研讀一下《金剛經》和《華嚴經》。把宇宙看成一朵花是一個美妙的意象。每朵花都有很多花瓣，在每片花瓣裡你都能看到整朵花。「一」在「多」中，「多」在

如果你明白地球是一個活的有機體，你就會知道該怎樣去保護她，因為保護地球和大氣層就是保護我們自己。

「一」中。作為一個十六歲的沙彌，我背下了《華嚴經》
中《夜摩宮中偈讚品》中的最後幾段詩行：

若人欲了知

三世一切佛

應觀法界性

一切唯心造

譬如工畫師

分布諸彩色

虛妄取異相

大種無差別

大種中無色

色中無大種

亦不離大種

而有色可得

心中無彩畫

彩畫中無心

然不離於心

有彩畫可得

　　這件事情取決於我們看待事物的方式。心創造出了無數的形色和觀念，而我們的世界就是這種理解方式的產物。地、火、水、空這些元素與你心中的形色看起來似乎是兩碼事，但是如果你認真思考，你會發現沒有這些元素根本就不會有你心中的形色，而沒有這些形色，同樣也沒有這些元素。形色和元素是一體的。一個不能沒有另一個而存在。

　　　彼心恆不住
　　　無量難思議
　　　出現一切色
　　　各各不相知

　　　譬如工畫師
　　　不能知自心
　　　而由心故畫
　　　諸法性如是

心創造出了無數的形色和觀念，而我們的世界就是這種理解方式的產物。

　　一位畫師可能不了解他自己的心，但是他是根據自

己的心而進行創作的。世界現象的本質也是如此。法的本質是它們是從我們的心中產生的。世界向我們展示的這個樣子是唯心所造。

> 心如工畫師
> 能畫諸世間
> 五蘊悉從生
> 無法而不造

> 若人知心行
> 普造諸世間
> 是人則見佛
> 了佛真實性

這告示我們體會佛的最佳方法，不是要去尋找一個人，或者一個非人，一個名稱，或者一個與眾不同的權威人物，乃至一個傳統，而是要觀察我們自己的心，觀察它是如何發生作用的。

心製造了一切——我們的恐懼、痛苦、生死、得失、地獄、慈悲、憎恨、絕望和分別。如果我們修行，我們將能夠明白心生萬物的方式，並因此而體會到眞正

如果我們修行，我們將能夠明白心生萬物的方式，並因此而體會到真正的佛。

的佛。

　　當我還是一個年輕的出家人時，我背下了這些詩句，並且每天晚上誦讀它們，雖然我是死記硬背，但它卻幫我澆灌了智慧的種子，逐漸地我開始理解了這些詩句。如果你想見到十方三世一切佛，你就必須看到宇宙的本質，明白一切事物唯心所造。《華嚴經》的首要教導就是一切事物皆是心法。「心」在這裡的意思不是意識、智力，而是某種更深刻的東西，某種既是個體又是全體的東西。如果你不懂，不要著急，你不必什麼都懂。只須去欣賞這部優美經典的詩句就行了，如果它們能使你感到輕鬆，那就足矣。不必覺得肩上有重擔。某一天，不費吹灰之力，你就會理解了。你只要容許自己活在當下，體會你所遇到每一件事物，專心致志地行走，用你的整個生命去幫助別人，這就行了。這是無修之修。將自己的大腦繃緊只會給你製造更多的障礙。不要用意識去聽，你會發現你自己就在華藏世界裡，感受著光明、珍寶和蓮花。當你處於那種境界中的時候，你只須去體會和被體會。總有一天你會契入「互即互入」之實相，而它也將融入於你的生命之中。

如果你不懂，不要著急，你不必什麼都懂。只須去欣賞這部優美經典的詩句就行了，如果它們能使你感到輕鬆，那就足矣。

法華三昧

　　《妙法蓮華經》是大乘經典之王，它為佛教信徒之
間協調共存提供了基礎。在每一宗派裡，人們總是執著
於他們自己的方式，執著於某種形式，因而被誤解之蛇
所咬傷。每逢這種時候，就需要努力去革新這個宗派，
糾正錯誤，宣傳更貼近於真實教義的修行方法。第一批
大乘經典想做的就是這個。為了幫助人們更貼近佛陀的
原始教義，無常、無我、涅槃的觀點以一種新的方式被
提出來了，以幫助人們貼近原始佛教。但是，由於他們
在原有的修行團體處難以獲得聽眾，所以這些經典的作
者常常使用過激的語言。比如，他們說聲聞眾修行，只
為了脫離這個苦痛的世界，而不是為了眾生的利益和幸
福，他們不是真正的佛子。

　　在《維摩詰經》中，對聲聞眾的抨擊就像炮火一樣
無情。作為佛陀弟子中最有智慧的人、所有僧眾的大師
兄──舍利弗遭到了嘲笑，而後果是，整個僧團都丟了
臉。這部經的主旨在於抨擊這種傳統，即佛教只是給出
家人和那些棄世者所走的道路。《維摩詰經》問世時，
大乘佛教還只是一種思想流派，還沒有建立起修行團
體。為了引起人們的注意，大乘佛教徒們採取了一種好

在每一宗派裡，人
們總是執著於他們
自己的方式，執著
於某種形式，因而
被誤解之蛇所咬
傷。

戰的態度。直到西元二個世紀時，《法華經》才爲大乘
佛教徒提供了一種建立眞正修行團體的基礎。

　　在《法華經》裡，舍利弗恢復了佛陀最鍾愛的弟子
的地位。他緊挨著佛陀坐著，得到了佛陀極大的關懷。
佛陀告訴他，以前之所以未講《法華經》是因爲時機尚
未成熟。現在弟子們已修行得相當成熟了，可以準備接
受最深的教法了。

法華教義

　　《法華經》的兩個主要教義是：（一）每個人都有
能力成爲一個圓滿覺悟的佛；（二）佛遍一切時、一切
處。在此以前，修行者以爲他們可以成爲阿羅漢，實現
涅槃，熄滅欲望和煩惱之火，但他們從來沒有想過自己
也能成佛。他們以爲當個阿羅漢就足夠了，因爲他們只
想結束自己的痛苦。《法華經》的第一個目的就是要打
消這種錯誤的見解，教導人們，每個人都有能力成爲一
個圓滿覺悟的佛。

　　《法華經》的第二個主要教義是佛陀的生命不只限
於八十歲壽命或者限於印度。你不能說佛陀誕生了或者
圓寂了，他永遠在這裡。在《華嚴經》中，我們已經看
到佛不僅僅是釋迦牟尼，他還是毗盧遮那。釋迦牟尼是

佛陀的生命不只限
於八十歲壽命或者
限於印度。你不能
說佛陀誕生了或者
圓寂了，他永遠在
這裡。

道的一種，而毗盧遮那則是道本身。

在佛教中，我們時常會提到三乘——聲聞乘（弟子們）、緣覺乘（自覺的人）和菩薩乘。聲聞的目標是使自己從這個苦痛的世界中解脫出來，實現煩惱的熄滅；緣覺是那些通過修行、契入事物互即互入之本質而開悟的人；在菩薩乘中，你要幫助所有的人開悟。《法華經》問世以前，三乘之間界限分明，各乘都批評其他乘太狹隘了，但是在《法華經》裡，我們了解到三乘原來是一家。「諸佛以方便力，於一佛乘，分別說三。」「一乘」（ekayana）這個詞，在《四念處經》[19]（Satipatthana Sutta）中已經出現過，是《法華經》的關鍵字之一。《法華經》說，不論你屬於哪個宗派，你都是佛陀的弟子。這真是令人高興的消息！今天西方人修上座部（Theravada）、禪（Zen）、淨土（Pure Land）、金剛部（Vajrayana），以及很多其他佛教宗派，我們知道他們都是在修一佛乘。感謝《法華經》，它使修行者之間的和平協調成為了可能。

《法華經》有二十八品，請仔細研讀第二品「方便品」。在這一品中，你將領會到這個教義：在十方一切佛土裡，諸佛所說一切三乘——聲聞乘、緣覺乘、菩薩乘實際上都是一佛乘。佛陀之所以提出三乘，只是為了幫

助那些處於不同修行階段的眾生。一個阿羅漢如果最終不能發起菩提心，他（她）就不是眞正的佛弟子，也不是眞正的阿羅漢。

在第三品中，佛陀授記舍利弗將成爲一位圓滿覺悟的佛。此時與會大眾都踊躍歡喜，他們把僧衣拋向空中。以前佛陀的弟子們從來沒有意識到，他們也能夠成爲圓滿覺悟的佛。舍利弗被授記將成爲一位圓滿覺悟的佛之後，他感到非常自信，而後其他弟子們也都得到了佛陀的授記，都將成爲圓滿覺悟的佛。《法華經》的第一個教義就是，每個人都可以成爲一位圓滿覺悟的佛。

不受時空所限

在第十一品裡，我們發現了第二個教義——不能以時空觀來看待佛陀，而佛陀也不受時空所限。在前十品裡，我們有時空。我們可以看見尚未成佛的人正在爲成佛而修行。此時，我們是在眞實的「歷史層面」（天台宗稱爲「迹門」）。從第十一品開始，我們進入了「終極層面」（天台宗稱爲「本門」）。在歷史層面中，你降生了、你修行、你開悟了、你進入了大般涅槃（Mahaparinirvana）。在終極層面中，你本來一直就在涅槃裡，你已經是佛，沒有什麼事可做。《法華經》給我們提供了一個

不能以時空觀來看待佛陀，而佛陀也不受時空所限。

展示眞理的絕好方法。

　　佛陀和他所有的弟子正坐在靈鷲山上，佛陀在宣講
《法華經》。突然他們聽到「善哉！善哉！釋迦牟尼世
尊，能以平等大慧，教菩薩法，佛所護念妙法華經。」
與會大眾——比丘、比丘尼、菩薩們都向上看去，他們
看到一座莊嚴的寶塔佇立空中。佛陀告訴他們「多寶佛
（Prabhutaratna）來了，他爲我們講法作證明。」在《法
華經》裡，當場景在地上時，我們是站在歷史的層面來
看，當場景在天上時，我們是站在終極層面的角度上來
看。但是當他們向上看多寶佛時，卻看不見。他們還在
試圖以歷史的眼光、以他們的知見概念來看終極。他們
正在以色觀多寶如來，用時空概念來看佛，他們沒有體
會到作爲佛的眞實本性。他們不能理解，或者他們理解
得太多，這就是他們不能見到佛的原因。

　　釋迦牟尼佛解釋說，多寶佛是一尊久遠以前證得圓
覺的佛。他發誓，每當一佛出世宣講《法華經》時，他
都要來讚歎「善哉、善哉！」可是大眾怎樣才能夠見到
多寶佛呢？他們能夠看到歷史的佛陀，但是他們怎樣才
能看到終極的佛陀、不受時空約束的佛陀呢？釋迦牟尼
佛覺察到大眾的強烈心願，他以無盡的悲憫，努力去幫
助他們。

他們不能理解，或者他們理解得太多，這就是他們不能見到佛的原因。

　　過去久遠劫前，多寶佛發下誓願「任何佛想開我寶塔、見我佛身，必須喚回他（她）在十方世界的所有分身。」釋迦牟尼佛說：「我當為之。」然後他從前額放出強烈的光明，照亮了十方世界。即刻全體大眾看到了周圍有無數的佛土，每一佛土裡都有一位釋迦牟尼佛在對大眾宣講《法華經》。那一刻，佛陀的弟子們認識到，釋迦牟尼佛不僅僅是一個在地球上教化的佛，遠不止是一個人。他們拋棄了這種想法，即佛陀是我們的佛，在我們的星球上，是我們的導師，是一個八十歲的人。接著佛陀端坐在靈鷲山上，微笑著把他所有的分身召回到地球上，數秒鐘之內，就有無數的釋迦牟尼佛一起坐在靈鷲山上。開啟多寶佛塔的基本條件已經具備了。為了幫助他的弟子們去除概念知見，佛陀大施法力。

　　接著釋迦牟尼佛打開了塔門，但是與會大眾只有一小部分人能夠看進塔去，用他們的眼睛看見真正的多寶佛。大部分會眾坐在山腳下，什麼也看不見。他們不在同一個高度上，還不能夠自由地感受終極層面。菩薩們能夠看進塔裡去，看到活生生的多寶如來，而下面的聲聞眾卻不能。釋迦牟尼佛理解他們的心願，便以自己的神力把他們舉到空中，使他們與佛菩薩們處於同一高度，這樣所有的人都能看進塔裡去，看到多寶如來了。

釋迦牟尼佛不僅僅是一個在地球上教化的佛，遠不止是一個人。

這表明借助佛的加持和幫助，我們能夠升到我們所坐的地面（名相概念的地面）之上，從而體驗到終極層面。

終級層面

我們每一個人都同時既在歷史層面裡，又在終極層面裡，但是我們還沒有學會去體會終極層面。我們只是沉浸在歷史層面裡。為了使自己升上來，為了放棄我們對歷史層面的執著，為了悟入無生無滅、無上無下、非一非多之實相，我們需要修行。從歷史層面上來看，多寶佛已經涅槃了，所以他怎麼能坐在那裡講話呢？但是從終極層面來看，他永遠在那裡，讚歎：「善哉！善哉！」當每一個人被提升到相同高度的時候，他們都能看見示現人的形象的多寶佛，非常生動、非常莊嚴。這是一位不受時空限制的佛，一位永生的佛。

然後多寶佛——終極層面的佛，把他的獅子座分出半座，邀請釋迦牟尼佛——歷史層面的佛，來與他坐在一起，每個人都能看見這兩尊佛——釋迦牟尼佛和多寶佛，並排坐在獅子座上，終極層面和歷史層面合而為一。是釋迦牟尼佛——歷史層面的佛，幫助我們看到了終極層面的佛。我們不能說佛有始或有終。他已經成佛很長時間了，而且還要作很長時間的佛。這是《法華經》

我們每一個人都同時既在歷史層面裡，又在終極層面裡，但是我們還沒有學會去體會終極層面。

的第二個主要教義。

坐在靈鷲山上，我們仍然處在歷史層面上。突然間我們聽到「善哉！善哉！」此時終極觸摸到了我們。我們抬起頭來，看見了多寶佛這位不朽之佛的寶塔，我們抬眼看他，這是我們對終極的第一瞥。我們非常想打開塔門，直接看到終極之佛，但這中間有一段很長的路要走，我們需要我們導師的幫助。門關著，阻止我們看見終極真實。這道門是什麼？它就是我們的無知、概念、分別和知見。這道塔門在我們每個人心中，我們的導師釋迦牟尼佛試圖幫助我們，他說，「爲了開啓這道門，我需要召回我遍滿宇宙一切處的所有化身。當他們回到靈鷲山時，我就能打開塔門。」於是他放出大毫光，照亮了十方，我們看到很多佛土，每一佛土裡都有一位釋迦牟尼佛在說法。現在我們能夠放下釋迦牟尼是一個人的想法了。所有這些佛都是釋迦牟尼，他們都坐在蓮花座上，講著《妙法蓮華經》。

開門見佛

門現在打開了，但是使我們能夠看見多寶佛的條件仍然不成熟。佛菩薩們能夠通過那道門看見他，可是我們不能，因爲我們坐在另一個國土上。佛知道我們的願

門關著，阻止我們看見終極真實。這道門是什麼？它就是我們的無知、概念、分別和知見。

望，於是他用心力把我們慢慢地舉到空中。這意味著我們必須超越歷史層面，與身處浩渺太空的終極層面的佛菩薩們處於同一個高度，然後才能看進寶塔裡去，見到多寶如來。

如果我們仍然有這種觀念，即多寶佛和釋迦牟尼佛屬於兩個世界，終極層面之佛和歷史層面之佛是二非一，那麼這個觀念就在我們突然看見了多寶佛分半座給釋迦牟尼、讓他與自己並排坐的時候被打消了。佛還能夠採取什麼其他方式來幫助我們明白這一點呢？

《法華經》和《華嚴經》是古典詩作中的最好的兩部。就詩歌想像所涉及的範圍，沒有人能超過印度人的心靈。印度人用他們的想像力表達了最深刻的覺悟。單是多寶佛及其佛塔的比喻，就已說明了很多道理。在那時的印度，像摩訶波羅多[20]（Mahabharata）這樣的戲劇很受歡迎，它們影響了表達法義的方式。這是《法華經》、《維摩詰經》以及其他經典被以戲劇化的方式表達出來的原因之一。請你們通過這些比喻、詩歌和對話體驗佛陀的教義吧。

在《法華經》第十五品裡，發生了一件精彩的事情。很多國土的菩薩們都雲集在靈鷲山，他們問候釋迦牟尼佛，並對他說：「世尊，我們來幫您教化了，因為

我們必須超越歷史層面，與身處浩渺太空的終極層面的佛菩薩們處於同一個高度，然後才能看進寶塔裡去，見到多寶如來。

這兒太需要了。」佛陀回答說：「謝謝你們，不過，在這個佛土裡，我們已經有足夠多的菩薩了，你們可以回到自己的佛土，在那裡度眾。」在這裡，佛陀表示了他對自己這個佛土上的弟子們的信任，而這之中也包括你們。接著他放出更強烈的光芒，大地震動，無數菩薩從地湧出，他們的出現和言談都是非常莊嚴優美的。他們走向佛陀，接足作禮，說：「世尊，我們能夠照顧好這個佛土，我們不需要別的菩薩。他們可以在自己的佛土教化。」佛陀回答說：「是的，你們說得對，這裡已經有足夠的老師來照顧這個佛土了。」然後，謝過了那些從他方佛土趕來的菩薩們，他說：「你們可以回去了，你們自己的佛土需要你們。」

法身之寶

這個情景非常像我們今天的情形。很多菩薩老師正在西方湧現。每當我們在梅村舉行傳燈法座、認可某個人可以講法時，那是一個令人快樂的時刻，它表明菩薩老師們正在這個國土湧現。我們必須支援這些菩薩們。每當一個菩薩「從地湧現」，我都很高興，大家都深受鼓舞。在梅村，每逢三月，就會有一大片成百上千株水仙在梅村上村（Upper Hamlet）中一座小山的山坡上開

在這個佛土裡，我們已經有足夠多的菩薩了，你們可以回到自己的佛土，在那裡度眾。

放。我第一次看到這麼多美麗的黃水仙燦爛地從地湧出來的時候，我想到了《法華經》裡的這個意象，於是我們把那個山坡稱為「法身之寶」。

這時彌勒菩薩問佛陀：「世尊，您是三十五歲開悟的，行化才不過四十五年，您怎麼會有這麼多出色的學生呢？有這麼多從全宇宙趕來的菩薩？這就像一個二十五歲的年輕人，卻有七、八十歲的孩子。」佛陀說：「你不明白，因為你只是從歷史層面來看我。當你從終極層面來看我時，你就會明白我是怎樣擁有成千上億的學生的。他們不但能夠照顧好此國土，還能照顧好很多其他國土。」

在《法華經》第二十三品中，我們進入了第三個層面，我們可以稱之為「行的層面。」佛菩薩們為了行動，為了濟世度人，為了做需要做的事情，從終極層面來到了歷史層面。在這個層面上，我們看到的第一位菩薩叫「藥王」。他的修行是：應以何身幫助眾生，即現何身。若需現政治家、警察、男人或女人身，便一一現之。我們每個人都有多種身，藥王菩薩教我們如何在相應情形下使用最需要的那種身，以便得到最佳的治療效果。藥王之道就是獻身、信任和慈悲，他不遺棄任何人、任何東西。

當你從終極層面來看我時，你就會明白我是怎樣擁有成千上億的學生的。

在第二十四品中，我們遇到妙音菩薩。他已得種種三昧，其中包括「解一切眾生語言三昧」。當眾生以有相的語言說話時，他也以有相的語言說話；當眾生以心理語言說話時，他也以心理語言說話；當眾生以「性」或「毒品」的語言說話時，為了度他們，他也以「性」或「毒品」的語言說話。在他過去生中，妙音菩薩曾以音樂供養佛。他從終極層面來到我們這個世界，為了建立起真正的交流，他講一切語言，並使用音樂作為手段。

接下來我們遇到了觀世音菩薩。他是大地之子，代表著我們這個世界最需要的行為——慈悲。如果你很慈悲，為了給別人提供幫助，你會隨時現身。佛陀說：「任何聽到觀世音菩薩名字的人，將能夠度過一切災難。」觀世音菩薩以觀音法門來教化眾生。如果你修習觀音法門，你將能滅除很多痛苦和煩惱。當你身處地獄、被瞋怒和憎恨所吞噬時，如果你用心去體會觀世音菩薩，地獄之火將化為清涼的甘露。當你身陷苦難之海，面對無數狂風巨浪、妖魔鬼怪時，如果你呼喚觀世音菩薩的名字，你的苦難將會有轉機，你將得到拯救。當你被鎖鏈所捆縛時，如果你念觀世音菩薩，你將得到解脫。當你察覺別人想用毒藥害你時，如果你念觀世音菩薩，你將不會受到傷害。不管你在哪裡，因為觀音菩

如果你很慈悲，為了給別人提供幫助，你會隨時現身。

薩有「尋聲救苦」的特性，只要你祈喚他，就會得到感
應。

成就五種觀

　　觀世音菩薩成就了五種觀：（一）眞觀，即契入實
相，擺脫虛妄觀念和名相，進入了眞如。（二）清淨
觀，當觀念和矛盾消融之後，我們就擁有了清淨無妄的
心境。（三）廣大智慧觀，即般若波羅蜜，體證到「空」
和「互即互入」的本性。（四）悲觀，即了知眾生的痛
苦，並尋求使眾生從痛苦中解脫出來的方法。（五）慈
觀，深入觀察眾生，知道做什麼能夠給眾生帶來幸福，
就去做什麼。觀世音菩薩永遠與眾生同在。無論何時，
只要我們需要他，我們就可以通過修習眞觀、清淨觀、
廣大智慧觀、悲觀及慈觀來與他相感應。

　　我們可以通過三個門進入《法華經》。第一個門是通
過歷史的層面，即色相和現象的層面。第二個門是通過
終極層面，即實體、本性和本體（noumena）的層面。
第三個門是通過行動的層面。在這個層面上，我們努力
爲眾生服務，得到多值得效法的菩薩們的指導。如果你
有機會研讀和實修這部妙經，我知道你將會發現那是一
種快樂。

只要我們需要他，
我們就可以通過修
習真觀、清淨觀、
廣大智慧觀、悲觀
及慈觀來與他相感
應。

步入終極空間

　　在《金剛經》裡，佛陀說：「凡所有相，皆是虛妄」，可是我們仍然執著於相，而失去了佛法「互攝互入」、「無相」和「空」的精髓。被相所縛，我們忘記了實相是既非「我」也非「非我」，既非「人」也非「非人」，既非「眾生」也非「非眾生」，既非「壽者」也非「非壽者」的。我們的修行就是要深入地觀察、清醒地生活，安住於「金剛三摩地」（Vajra-chedika prajnaparamita concentration）中。我們不但要在練習坐禪的時候保持「定」，而且在行走、飲茶，或抱起我們的新生嬰兒時都要保持定。深入地觀察，我們就不會被諸相所愚弄。

　　當我在講述自己初戀故事的時候，我努力使自己安住於那種三摩地中，使自己與實相（reality）保持著聯繫。我希望你們也在做同樣的練習。這個故事發生在四十五年以前，但是如果你用《金剛經》的眼睛來看它，我們將會知道，因為她是由非人的因素構成的，因此我們在此時此地就可以感知她的存在。當你在「金剛三摩地」中感受一朵花的時候，你就感受到了太陽和整個宇宙！如果你契入了花的互即互入的本性的時候，你就能感受到一切事物。你不必問：「後來怎麼樣了？」因為

深入地觀察，我們就不會被諸相所愚弄。

就在你的眼前，你看到了一切永恆。只要你深入地感觸一樣事物，所有的東西就都在那兒。如果你在僧團裡也像這樣修行，深入地生活、深入地體察事物，修行就是一件很容易的事情了。如果你不明白，你也不要著急，就讓法雨繼續滋潤你藏識的土壤吧。儘管法是用名相概念來表述的，但是不被名相概念所縛而真正地理解它仍然是可能的。

當我們眺望大海時，我們會看到有很多波浪。我們也許會把它們描述成或高或矮、或大或小、或有氣勢或不那麼有氣勢，但是這些詞卻不適用於水。站在波浪的立場上來看，有生有滅，但這些只不過是表相。波浪同時又是水。如果波浪只看到自己作為波浪的一面，它就會怕死。為了覺悟到它自己同時又是水，波浪必須深刻地反觀自己。如果我們把水取走，波浪就不存在了；如果我們把波浪取走，水就不存在了。波浪就是水，水就是波浪。它們屬於存在的兩種不同的層面。我們無法將這兩者作比較。形容波浪的言詞名相不適用於形容水。

實相不能用語言概念描述

實相不能用語言概念來描述。涅槃首先是概念的泯滅。在華藏世界裡，我們不去尋找釋迦牟尼佛的色身。

你不必問：「後來怎麼樣了？」因為就在你的眼前，你看到了一切永恆。

我們尋找的是毗盧遮那佛，它是釋迦牟尼和所有一切過去、現在、未來佛的本體，也可以說是我們自己的本體，因為我們都是佛。在華藏世界裡，空間同時也是時間。過去在看著未來微笑，未來也在看著過去微笑，而兩者都存在於現在，可以在現在被感受到。

當你走入華藏世界時，你就是佛。你不必說自己是未來佛，因為過去、現在、未來在這裡成為了一體。當你去感受水的時候，這種感覺是很好的，但這不意味著波浪消失了。波浪永遠是水。如果你只想感受波浪而不想感受水，你將會因恐懼生死和很多其他煩惱而痛苦。但是如果你深刻地反觀自身，覺悟到你就是水，所有的恐懼和煩惱都會消失的。當你進入華嚴王國、感受毗盧遮那佛時，你同時也是看到了坐在菩提樹下的釋迦牟尼佛。毗盧遮那佛和釋迦牟尼佛是一體的，就像水和波浪。

既然毗盧遮那佛的實相不能用語言名相來描述，那麼用語言名相來談論它也可能是危險的。涅槃是描述毗盧遮那佛的一個安全的方式，因為涅槃意味著所有觀念和名相的泯滅。在某些宗派那裡，人們慣於使用「父親」這個詞，但是我們不禁要問，為什麼是父親而不是母親？任何能使人想起它的反義詞的詞都是有問題的。聖

過去在看著未來微笑，未來也在看著過去微笑，而兩者都存在於現在，可以在現在被感受到。

母是一個能沖淡我們對於聖父觀念的很好的詞。

　　這首描寫大麗花的詩是越南的一位年輕詩人寫的。
他的名字叫郭克泰（Quach Thoai）：

> 靜靜地佇立在籬笆前
> 你綻開了雋永的微笑
> 驚異於你的美
> 我一時無語
> 我聽到你在吟唱
> 一首不知始於何時的歌
> 面對你
> 我深深地彎下了腰

　　大麗花是一種我們每天都能看到的普通的花。但是
如果我們不注意，我們就會錯過它。那天早晨詩人完全
地活在了當下，所以他能夠體會到這朵花的美。花的歌
聲本來一直就在那裡迴旋，只是當詩人突然之間步入了
毗盧遮那佛、法身佛的王國，才聽到了它。出於尊敬，
他深深地鞠了一個躬。大麗花是佛，每時每刻都在慈悲
地講法。因為我們被無明所障，聽不到它在講法，但這
不意味著它沒有在講法。事實上，一切事物——青草、

鮮花、綠葉、卵石，所有這些無不在一直宣講著《妙法
蓮華經》。

《華嚴經》裡有一章，講的是普賢菩薩（Samantab-
hadra）修行的故事。普賢菩薩坐在釋迦牟尼佛面前，進
入了「一切諸佛毗盧遮那如來藏身三昧」。「如來藏身」
即「一切諸佛的法身」。在這種三昧裡，他感受到了一切
諸佛的真身，進入了華藏世界。儘管他就坐在釋迦牟尼
佛前面，可是他面前卻出現了無數的佛，而且每尊佛前
面都有一個普賢菩薩。

發現諸佛法身

為了發現一切諸佛的法身，如果你這樣練習一個小
時的坐禪或行禪，進入到華藏世界，並用那裡的方式去
觀察一切事物，那麼你將感觸到過去、現在、未來的無
數諸佛，並且聽到每一尊佛所講的法。當年輕的越南詩
人突然進入華藏世界時，他遇到了一尊佛，叫「大麗
花」，他傾聽了大麗花佛所講的法，深受感動，他向大麗
花佛鞠了一躬。佛一直在講法。時代在講法，國王在講
法，眾生在講法。如果你有一雙專注的耳朵，你就隨時
能聽到真正的法。

未來就是過去，現在就是未來。這三世彼此注視

大麗花是佛，每時
每刻都在慈悲地講
法。因為我們被無
明所障，聽不到它
在講法，

著，以無窮的方式使這個世界覺醒。全知是沒有界限的。在華藏世界裡，空間是由時間構成的，時間是由空間構成的。一粒微塵包含了整個空間，一粒微塵包含了整個時間；一剎那包含了整個時間，一剎那包含了整個空間和整個時間。從這個練習開始，深入地觀察無常的特性，接著深入地觀察「無我」和「互即互入」的特性。只要這樣做，一切事物將在你面前展現出它的全體，一存在於多中，多存在於一中。

一切唯心造

　　在華藏世界裡，我們了解到一切事物都是我們的心所建造的。當我們被概念束縛時，當我們自心中有那麼多無知和煩惱時，就無法看到事物的本性，我們就會建造起一個充滿痛苦的世界。我們建起了監牢、建起了地獄、建起了種族歧視。我們污染環境是因為我們對「互即互入」缺乏洞察。這個由妄心建立起來的世界是一個充滿了憎恨、痛苦和虛妄的世界。

　　如果我們練習深入地觀察（即禪觀），看到了事物互攝互入的本質，我們的無明就會轉變為覺悟。讀《華嚴經》之後出去行禪，你會感到世界明亮了一點，有了更多的光明、更多的空間、更多的鮮花和更多的海洋。將

如果你有一雙專注的耳朵，你就隨時能聽到真正的法。

會有更多的鳥兒在歌唱，而你也會有更多的時間去欣賞
它們。這些其實也是心的產物。如果我們繼續一起深入
觀察，我們就能夠立刻創造出華藏世界。這是減少痛苦
的最好的方法。減少痛苦意味著減少無明，減少我們心
中的基本煩惱。每一事物都滲透在其他所有事物當中。
傷害了一個人同時就是傷害了我們自己和所有的人；給
一個人帶來了鬆弛，實際上就是給每個人包括我們自己
帶來了鬆弛。這種覺悟帶來了真正有益的行為，即普賢
菩薩的大行。

　　在華藏世界裡，時間是無窮的。在這裡，我們的時
間是有限的，但是在那裡，你有用不完的時間。你還有
那麼多空間。那裡的空間是由時間構成的，時間是由空
間構成的。在這裡，我們有「壽者」的觀念。我們認為
自己生前死後都不存在。按照我們的「壽者」觀念，我
們沒有多少時間。但是在那裡，「壽者」的觀念被清除
了，那裡只有自由。

　　有人問在華藏世界裡是否能找到咖啡或可口可樂？
有的，那裡有這些東西。但是那裡還有那麼多別的更令
人愉快的東西，所以根本不需要可口可樂。人們不需要
藥片。陽光、彩雲、香花和珍寶，是這樣地令人心曠神
怡，所以你不必尋找遺忘痛苦的手段。在這裡，你或許

減少痛苦意味著減
少無明，減少我們
心中的基本煩惱。

要借助於某種事物使自己忘卻現實。當你的配偶給你帶來很多痛苦時，你或許會投入到自己的社會工作或環保工作中去。你喝酒，因為你想忘卻、想逃避。你想用藥片來逃避那令人不快樂的現實。但是在華藏世界裡，一切事物是那樣地令人快樂，所以你不需要這些東西。這並不是因為它們是被禁止的。如果你想找它們，你就能找到它們，但是你不需要它們。如果我們把彼此敵對的人帶入華藏世界，他們的行為將會像佛一樣。他們將得到光明、空間和時間的加持，將不會做他們在這裡所做的事情。

擺脫生死觀

　　秋季的一天，我在練習行禪。秋葉如雨飄落。我踏在一片葉子上，停下來將它拾起來，凝視著它微笑了。我覺悟到，這片葉子本來一直就在那裡。每個秋天樹葉落了，每個春天它們又再現自己。它們經歷了夏天、秋天，然後又一次飄然落地。它們在玩捉迷藏的遊戲，假裝死了，又假裝重生。但這不是真的。當我深入地觀察這片葉子時，我看到它不僅僅是一片葉子，就像佛不僅僅是一個人一樣。佛是同時遍一切處的，這是我們在《華嚴經》和《法華經》裡所了解到的。這片葉子也同樣

陽光、彩雲、香花和珍寶，是這樣地令人心曠神怡，所以你不必尋找遺忘痛苦的手段。

遍一切處。我請求它喚回自己的所有的示現身，因爲它擺脫了生死觀念，所以能這樣做。

　　我母親去世七年以後，一天夜晚，我突然醒來，步出室外，看見皓月當空。凌晨兩、三點鐘時，月亮總是散發出一種深沉、寧靜而溫柔的光，就像母親對孩子的愛。我感到沐浴在她的愛裡，此刻我領悟到，我的母親仍然活著，並將永遠活著。幾個小時以前，我在一個夢境裡非常清晰地看見了我的母親。她年輕而又美麗，溫柔地對我說話，我也跟她說話。從那時起，我知道我的母親一直與我在一起。她假裝死了，但那不是真的。我們父母的生命在我們身上得到延續。我們的解脫就是他們的解脫，我們爲我們的完善所做的一切就是爲他們的完善、爲他們和我們的孩子的完善所做的一切。

　　當我拾起這片秋天的落葉，端詳著它時，我微笑了，因爲我看到它喚回了它在十方的無數個分身，就像釋迦牟尼佛在《法華經》裡所做的一樣。然後我反觀自己，看到自己是一片葉子，在那一刻，也將自己的無數分身喚回自己身邊。只有在清除了我們只在此時此地存在的觀念之後，我們才能這樣做。我們同時遍一切時、一切處。

　　當你觸摸這裡的土壤的時候，你便是觸摸到了那裡

每個秋天樹葉落了，每個春天它們又再現自己。它們經歷了夏天、秋天，然後又一次飄然落地。它們在玩捉迷藏的遊戲，假裝死了，又假裝重生。但這不是真的。

的土壤。當你觸摸到當下時，你也便是觸摸到了過去和將來。當你觸摸到時間時，你也便是觸摸到了空間。當你觸摸到空間時，你也便是觸摸到了時間。當你觸摸到早春的檸檬樹時，你也便是觸摸到了三、四個月後將高掛枝頭的檸檬。你可以這樣做，因為檸檬已經存在了。你可以觸摸歷史層面上的檸檬樹，也可以觸摸終極層面上的檸檬樹，這取決於你。《法華經》的練習就是去體會終極層面上的你自己、樹葉及樹。

當你感受波浪時，你同時也感受到了水。這就是我們的練習。如果你與一群朋友在一起，在行坐或飲茶時練習覺照，你將生活在歷史層面上的同時，能夠感受到終極層面。當你不為波浪所限而同時能感受到水的時候，你的恐懼、焦慮和憤怒將會被輕易地被轉化掉。

安寧與快樂

安寧和快樂的世界就在我們的指端。我們只需要去感知它就可以了。當我走進梅村廚房裡的時候，我或許會問學生：「你在做什麼？」如果她說：「法師，我在切胡蘿蔔。」我會感到有點失望。我希望她能脫離歷史層面而觸摸到終極層面。她只需抬頭微笑就可以了。或者她在想別的事情，而我的問話將她帶回到當下，她可

當你不為波浪所限而同時能感受到水的時候，你的恐懼、焦慮和憤怒將會被輕易地被轉化掉。

以抬頭說：「謝謝你」，或「我在呼吸」等等，這些都是很好的回答。你不必死後才能進入天國，事實上，你必須活著的時候就這樣做。是什麼使你活著？覺照。你周圍和你心裡的一切事物都可以幫助你進入法界之門。當你練習行禪時，請求一棵樹或一朵花告訴你華藏世界，我相信它一定會指給你入門之路的。

在《異鄉人》[21]中，阿爾貝‧卡繆給我們講了一個名叫莫梭（Meursault）的囚犯的故事。有一天，在他的單身牢房裡，莫梭感受到了生命、感受到了華藏世界。他仰面躺著，抬起頭來，透過天花板旁邊的一小塊窗戶，他平生第一次看見了藍天。一個成年人怎麼可能是第一次看見藍天呢？事實上，很多人就是這樣活著的，他們被囚禁於憤怒、沮喪和相信幸福與安寧只存在於未來的觀念中。莫梭在被處決以前還有三天時間可活。在充滿覺照的那一刻，藍天真正地存在了，而他也感受到了它。他發現生命是有意義的，他開始專注地生活於生命留給他僅剩的那些時光。他生命中的最後三天變成了真正的生活。

最後一天，一位牧師來敲他牢房的門，希望能聽到他最後的懺悔，但是莫梭拒絕了。最後牧師失望地離開了。那時莫梭把那位牧師描述成一個活死人。莫梭領悟

是什麼使你活著？覺照。你周圍和你心裡的一切事物都可以幫助你進入法界之門。

到，需要拯救的人不是他，而是那位牧師。如果我們看看周圍，我們會看到很多人像死人，像行屍走肉一樣活著。我們要盡己所能幫助他們。他們需要被某種事物所觸動，如藍天、孩子的眼睛，一片秋天的落葉等等，這樣他們就能甦醒過來了。

呼喚上帝

當我還是個小男孩時，讀到一篇小說。內容是一個法國獵人在非洲叢林裡迷了路。他覺得他要死了，因為他找不到出去的路。但是他很頑固，不肯向上帝祈禱。於是他做了件半是祈禱半是玩笑的事情：「上帝啊，如果你存在，請來救我！」幾分鐘後，一個非洲人出現了，把他帶出去了。後來他寫道：「我呼喚上帝，但是來了一個黑人。」他不知道那個非洲人就是上帝。在莫梭的情形中，上帝以一塊藍天的形式來拯救了他。我們也許會被一朵花、一塊卵石、一隻鳥或一聲雷所拯救。任何事物都能為我們帶來天堂、華藏世界的消息。任何事物都能使我們清醒過來，回到生命的當時當地。我們不應該分別。

我拾起這片葉子時，我看到它假裝在春時誕生，又假裝在秋末死去。為了幫助包括我們自己在內的產生，

在充滿覺照的那一刻，藍天真正地存在了，而他也感受到了它。

我們也出現了，然後又消失了。我們心中有一股不可思
議的力量，如果我們在覺照中過日常生活，如果我們慈
悲、小心、專注地行走，我們就能夠創造奇蹟，把我們
的世界變成一個適合居住的奇妙的地方。慢慢地在覺照
中行走，是一種解脫的藝術。你走著，擺脫了一切煩
惱、焦慮、計劃和執著。這樣的一步就有使你從一切煩
惱中解脫出來的力量。通過活在當下，你改變了自己，
而你的慈悲也將得到證明。

看看花，看看蝴蝶，看看樹木，看看有著一對富有
同情心眼睛的孩子。這是《法華經》教給我們的一種深
刻的練習。你心中慈悲的力量將會改造生命，使它變得
更美好。慈悲總是從智慧而生的，而智慧是深入觀察的
結果。

> 在終極空間裡快樂地行走
> 用你的腳
> 而不是用你的頭腦
> 如果你用頭腦　你將會迷路了

> 在終極空間裡講法
> 落葉滿天飛舞

如果我們在覺照中
過日常生活，如果
我們慈悲、小心、
專注地行走，我們
就能夠創造奇蹟。

秋季的月光鋪滿了小路
法充遍十方

在終極空間裡討論法
我們彼此注視著微笑
你是我　你看見了嗎
說者與聽者是一體

在歷史空間裡享受午餐
我使所有的祖先和所有的
子孫後代　都飽足了
我們相會在一起　找到了我們的路

在歷史空間裡被觸惱
我們閉目深思
三百年後我們在何處
我們睜開眼睛擁抱了

在終極空間裡休息
以雪山為枕
美麗的紅雲為毯

什麼都不缺少

在終極空間裡坐禪
分享多寶佛的獅子座
每一秒鐘都是實現
每一個果實都成熟而甜美

譯注：

① 《郁伽長者所問經》為南傳經典，漢譯經典參見大正藏阿含部《中阿含經》第九卷，（三八）《未曾有法品郁伽長者經》。本經為郁伽（Ugra）長者說：菩薩有在家菩薩行，出家菩薩行，在家菩薩而受出家戒行三類。

② 《維摩詰所說經》姚秦三藏鳩摩羅什譯，參見大正藏經集部。

③ 《郁伽經》即《郁伽長者所問經》。

④ 早期的《般若波羅蜜經》包括《小品般若波羅蜜經》與《金剛若波羅蜜經》等。

⑤ 《小品般若經》即大正藏般若部《小品般若波羅蜜經》後秦龜茲國三藏鳩摩羅什譯。

⑥ 《了知捕蛇的更好方法經》為南傳經典，漢譯經典可參見《中阿含經》第五十四卷，（二〇〇）《大品阿梨吒經》第九（第五後誦）。

⑦ 《蛇經》即《了知捕蛇的更好方法經》

⑧ 互即互入為 interpenetration 與 interbeing 的譯詞，有互為緣起、相互滲透之意：詳見本書〈般若之心〉。

⑨ 拉馬丁（Alphonse de Lamartine，1790-1869）於1820年發表詩集《沉思集》，成為當時詩人。1852出版《格萊齊拉》（Graziella）等書。

⑩ 《寶積經》即漢譯大正藏寶積部《大寶積經》，在中國佛教界被稱為五大部之一。共一百二十卷，是唐代菩提流志，在武后神龍二年開譯，到先天二年編譯完成的。

⑪ 故事見《百喻經》第一卷，（五）渴見水喻。大正藏本緣部《百喻經》共四卷，蕭齊求那毗地譯。設一百喻，喻道法邪正等之事。

⑫ 跋迦利另譯跋迦梨、薄跋迦，漢譯經典中有關跋迦梨因病所苦的另一個故事，可參見大正藏阿含部《雜阿含經》第47卷1265經。

⑬ 毗盧遮那為 Vairochana 音譯，原意是「光明遍照一切宇宙萬物」。或譯作盧舍那、遍一切處、光明遍照。

⑭ 因陀羅網見大正藏法華部《佛說廣博嚴淨不退轉輪經》第一卷。

⑮ 十地分別為初歡喜地、離垢地、明地、焰地、難勝地、現前地、遠行地、不動地、善慧地及法雲地。參見大藏經華嚴部《大方廣佛華嚴經》第二十三卷十地品、華嚴部《佛說十地經》、釋經論部《十地經論》等。

⑯ 獅子座即師子座，佛座之意，佛為人中之師子，故佛之所坐，總名師子座。如帝王之座謂為龍座也。大智度論七曰：「是號名師子，非實師子也，佛為人中師子。佛所坐處或床或地皆名師子座，如今者國王坐處亦名師子座。」

⑰ 夜摩天宮為夜摩天王之寶莊嚴殿，出自大藏經華嚴部《大方廣佛華嚴經》。《夜摩宮中偈讚品》為《華嚴經》第四會卷二十。

⑱娑婆世界即三千大千世界。娑婆又作沙訶，娑訶樓陀。堪忍之義，因而譯曰忍土。法華玄贊二曰：「梵云索訶，此云堪忍。諸菩薩等行利樂時，多諸怨嫉衆苦逼惱，堪耐勞倦而忍受故，因以為名。娑婆者訛也。（中略）是三千大千世界，號為娑婆世界。」

⑲《四念處經》為南傳經典，四念處意指身念處、受念處、心念處、法念處。四念處之修習方法散見於《阿含經》中。亦可參見大正藏經集部《佛說大安般守意經》共三卷，後漢安世高譯，安般者梵語，數息觀也，坐禪而數出入氣息，以止散守意之法也。

⑳《摩訶波羅多》一譯《瑪哈帕臘達》，為古印度史詩，約為公元前七世紀至前四世紀的作品，敘諸神及英雄的故事。加黎陀薩（約公元五世紀）另譯迦梨陀娑，為印度古代詩人、戲劇家。他的詩劇《沙恭達羅》，即敘述《摩訶波羅多》中國王杜虛孟多和沙恭達羅戀愛的故事。

㉑《異鄉人》為法國作家卡謬（Albert Camus，1913-1960）的重要作品。

般若之心

《般若波羅蜜多心經》

觀自在菩薩，行深般若波羅蜜多時，照見五蘊皆空，度一切苦厄。舍利子，色不異空，空不異色；色即是空，空即是色。受想行識，亦復如是。舍利子，是諸法空相，不生不滅，不垢不淨，不增不減。是故空中無色，無受想行識，無眼耳鼻舌身意，無色聲香味觸法，無眼界，乃至無意識界，無無明，亦無無明盡，乃至無老死，亦無老死盡。無苦集滅道，無智亦無得。以無所得故，菩提薩埵。依般若波羅蜜多故，心無罣礙。無罣礙故，無有恐怖，遠離顛倒夢想，究竟涅槃。三世諸佛，依般若波羅蜜多故，得阿耨多羅三藐三菩提。故知般若波羅蜜多，是大神咒，是大明咒，是無上咒，是無等等咒，能除一切苦，真實不虛。故說般若波羅蜜多咒，即說咒曰：揭諦揭諦，波羅揭諦，波羅僧揭諦，菩提薩婆訶。

互即互入

如果你是一位詩人，你將會清楚地看到，這張紙裡有一朵雲在飄飛。沒有雲就沒有雨；沒有雨，樹木就不

能生長；而沒有樹木，我們就不能夠造紙。雲對紙的存在來說是必要的。如果沒有雲，也就不可能有這張紙了。所以我們可以說，雲和紙是互即互入的。Interbeing（互即互入）這個詞，字典裡找不到，但是，如果我們把inter這個字首與to be這個動詞連接起來，我們就可以得到一個新的動詞inter-be。沒有雲，我們就不可能有紙，所以我們可以說，雲和紙是互即互入的。

如果我們再深入地觀察這張紙，我們還可以從中看到陽光。如果沒有陽光，森林就不可能生長，事實上，沒有任何東西能夠生長。沒有陽光，就連我們自己也不能生存。這樣，我們就知道，這張紙裡也有陽光。紙和陽光是互即互入的。如果我們再繼續觀察，我們還會看到伐木工人，是他們把樹砍倒，並送到造紙廠去，使它變成紙的。我們還可以看到小麥。我們知道，如果每天沒有麵包吃，伐木工人就沒辦法活下去，因此製成麵包的小麥，也存在於這張紙中。同樣地，伐木工人的父母也在這裡。當我們用這種方式去觀察的時候，我們看到，沒有所有這些事物，這張紙就不可能存在。

再深入地觀察，我們可以看到我們也在這張紙中。這是不難明白的，因為當我們看一張紙的時候，這張紙就成為我們的想（perception）的一部分。你的心在這張

因為當我們看一張紙的時候，這張紙就成為我們的想（perception）的一部分。

紙中，我的心也在其中。所以我們可以說，一切事物都在這張紙中。你無法指出一樣東西不在這張紙中——時間、空間、泥土、雨水、土壤中的礦物質、陽光、雲彩、河流、熱量。每一件事物都與這張紙共存在。這就是為什麼我認為字典裡應該有inter-be這個詞的原因。存在（to be）是互即互入的存在（inter-be）。你不可能獨自存在，你不得不與其他每一件事物互即互入地存在。這張紙之所以存在，是因為其他每一件事物存在。

假設我們試著把每一個因素還原到它的本源。假設我們把陽光還給太陽，你認為這張紙還有可能存在嗎？不，沒有陽光，任何事物都不能夠存在。如果我們再把伐木工人還給他的母親，那麼我們也同樣不可能有這張紙。事實是，這張紙完全是由非紙的因素構成的。如果我們把這些非紙的因素還原到它們的本源，那麼紙就根本不可能存在了。沒有非紙的因素，如心、伐木工人、陽光等等，就沒有紙。不管這張紙有多麼薄，它的裡面卻包含了宇宙中的每一件事物。

但是《心經》講的卻似乎與此相反。觀世音菩薩告訴我們，諸法皆空。讓我們再進一步來考察一下。

你不可能獨自存在，你不得不與其他每一件事物互即互入地存在。

空掉了什麼？

「觀自在菩薩，行深般若波羅蜜多時，照見五蘊皆空。」

菩提（bodhi）的意思是覺悟，薩埵（sattva）的意思是眾生，所以菩提薩埵（bodhisattva）的意思就是覺悟的眾生。我們大家有時候是菩提薩埵（覺悟的眾生），有時候不是。觀音是這部經中菩薩的名字。觀音是觀世音的簡稱。《般若波羅蜜多心經》是觀世音菩薩送給我們的一份殊勝的禮物。在中文、越南文、朝鮮文和日文中，我們分別把他的名字翻譯成觀音、Quan Am或者Kannon，它的意思是尋聲救苦。在東方，有很多佛教徒向他祈禱，或者稱念他的聖號。觀世音菩薩之所以能夠送給我們無畏的禮物，因為他自己已經超越了恐懼。（有時候觀音現男子身，有時候現女人身。）

完美的智慧（即徹悟，Perfect Understanding）就是般若波羅蜜多（prajnaparamita）。人們通常用wisdom（智慧）這個詞來翻譯prajna（般若），但是我認為，wisdom在某種程度上不能夠完全傳達出prajna這個詞的含義。般若像流水。而智慧和知識是則固態的，它們會阻

觀世音菩薩之所以能夠送給我們無畏的禮物，因為他自己已經超越了恐懼。

塞我們的般若。在佛教中，知識被認爲是般若的障礙。如果我們認爲某件事物是眞理，我們就會死死地執著於它，以致於當眞理親自來敲我們的門時，我們也不會願意讓它進來。我們必須超越以往的知見，就像爬梯子一樣。如果我們在第五個階梯上，便認爲自己已經很高了，那麼我們就沒有希望爬到第六階。我們必須學會超越自己的知見。般若像流水，可以流動，能夠滲透。知見甚至智慧都是固態的，它們會擋住般若的道路。

　　根據觀世音菩薩所說，這張紙是空的；但是根據我們的分析，它充滿了一切事物。看起來在我們的觀察與他的觀察之間有一個矛盾。觀世音菩薩發現五蘊皆空，但是空掉了什麼呢？關鍵字是「空」。「空」意味著空掉了某種東西。

　　假設我正拿著一杯水，我問你：「這個杯子是空的嗎？」你會說：「不，裡面有水。」但是如果我把水倒掉，再問你，你或許會說：「是的，是空的。」但是，空掉了什麼？空意味著空掉了某種東西。杯子不能空掉沒有的事物，除非你知道什麼空了，否則空毫無意義。我的杯子裡的水空了，但是空氣卻沒有空。空意味著空掉某種東西——這眞是一個發現。當觀音菩薩說五蘊皆空的時候，爲了幫助他表達得更準確，我們必須問：

「觀世音先生，空掉了什麼？」

空掉了孤立的自我

　　五蘊是構成人的五種因素，譯成英文是five heaps或five aggregates。這五種因素在我們每個人的身心內部就像河一樣在流動。事實上，它們真的是五條河流，一起在我們的身心內部流動：色之河（意指我們的身體）、受之河、想之河、行之河，以及識之河，它們一直在我們的身心內部流動著。所以根據觀世音菩薩所說，當他深入地觀照這五條河流的本質的時候，他突然發現，它們都是空的。如果我們問：「空掉了什麼？」他將會這樣回答：「它們空掉了一個孤立的自我。」這句話的意思是，這五條河流中沒有一條能夠獨自存在，它們中的每一條河流都是由其他四條所造成的。它們必須共同存在；它們必須與所有其他河流互即互入。

　　我們的體內有肺、心、腎、胃和血液。這當中沒有一樣東西能夠孤立存在，它們只能與其他的臟器相互共存。你的肺和血液是兩種事物，但是這兩者都不能孤立存在。肺吸進空氣，供給血液，反過來，血液為肺輸送營養。沒有血液，肺就不能存活，沒有肺，血液就無法得到淨化。肺和血液是互即互入的，同樣地，腎和血液

之間、腎和胃之間、肺和心之間、血液和心臟之間等等，也都是如此。

　　當觀音菩薩說我們的這張紙是空的時候，他的意思是，它空掉了一個孤立的存在。它不可能獨自存在。它必須與陽光、雲彩、森林、伐木工人、心和每一件其他的事物互即互入。但是，空掉了一個孤立的自我同時意味著它的裡面充滿著一切。這樣看起來，我們的觀察與觀音菩薩的觀察根本就不矛盾了。

　　觀音菩薩深入地觀察色、受、想、行、識這五蘊，他發現，五蘊當中沒有一個能夠獨自存在。每一蘊都只能與其他四蘊互即互入。所以他告訴我們，色是空的。色空掉了一個孤立的自我，但是它的裡面卻充滿了宇宙中的一切事物。受、想、行、識也是如此。

般若之道

　　「度一切苦厄。」

　　滲透意味著進入某件事物，而不僅僅是站在它的外面。當我們想理解一件事物的時候，我們不能只是站在它的外面來觀察它。為了真正理解它，我們必須深入到

空掉了一個孤立的自我同時意味著它的裡面充滿著一切。

它的內部，與它成為一體。如果我們想理解一個人，我們必須去體驗他的感受，他的痛苦和快樂。滲透是一個極好的詞。Comprehen（了解、領會）這個詞是由拉丁詞根com和prehendere構成的。Com的意思是「在心中合在一起」，prehendere的意思是「抓住、拾起來」，所以理解某件事物（to comprehend something）就是意味著把它拿起來，並與它成為一體。除此之外再也沒有其他的方法了。

如果我們只是站在外面作為一個觀察者來看這張紙，我們就不能夠完全理解它。我們必須滲透到它的裡面去。我們必須是雲，是陽光，是伐木工人。如果我們能夠進入到它的裡面，並且成為它裡面的每一件事物，我們對這張紙的理解就會很圓滿。

有一個印度故事，講的是一粒鹽想知道大海有多鹹，所以它就跳進海裡去，與海水融為了一體。用這種方法，這粒鹽獲得了圓滿的理解。

我們很關心和平，我們想理解蘇聯，所以我們不能只是站在外面觀察。為了真正理解一個蘇聯公民的受、想、行，我們必須與他（她）成為一體。這就是佛教的禪修——為了真正地理解，去滲透、去與被理解的事物成為一體。任何有意義的和平工作都必須遵從不二的原

一粒鹽想知道大海有多鹹，所以它就跳進海裡去，與海水融為了一體。用這種方法，這粒鹽獲得了圓滿的理解。

則，滲透的原則。

在《四念處經》（Sutra of the Four Foundations of Mindfulness）中，佛陀建議我們以滲透的方式來觀察事物。他說，我們應該觀身如身，觀受如受，觀行如行。他為什麼使用了這種重複的表達方式呢？因為，你必須進入到你想觀察和理解的事物中去，以便與它融為一體。核子科學家們也開始這樣認為，當你進入到基本粒子的世界中時，你必須成為一個參與者，以便理解事物。你不再只是作為一個觀察者站在外面。今天很多科學家更願意使用參與者（participant）這個詞，而不願意使用觀察者（observer）。

在我們努力互相理解的過程中，我們也應該這樣做。一對夫妻如果想互相理解的話，必須對他們伴侶的感覺感同身受，否則他們不可能真正理解對方。根據佛教禪觀，沒有理解的愛是不可能的。如果你不理解某人，你就不可能愛他（她）。如果你不理解卻愛上了一個人，那它就不是愛，而是別的東西。

觀音菩薩的禪觀就是對五蘊進行深入地契悟。通過深入地觀照色、受、想、行、識的河流，他發現了它們空的本性，突然間，他超越了所有的痛苦。我們所有想要達到此種解脫的人，也必須深入地觀察，以便契入事

沒有理解的愛是不可能的。如果你不理解某人，你就不可能愛他（她）。如果你不理解卻愛上了一個人，那它就不是愛，而是別的東西。

物空的本性。

無常萬歲

「舍利子，色不異空，空不異色，色即是空，空即是色，受、想、行、識，亦復如是。」

色是波浪而空是水，你可以通過這個比喻來理解這句經文。印度人說話的時候，使用一種使人害怕的語言，但是我們必須理解他們的表達方式，以便真正地理解他們。在西方，當我們畫一個圈的時候，我們認為它是零，空無一物。但是在印度，一個圈卻意味著全體、整體。意思剛好是相反的。所以，「色即是空，空即是色，」就像波浪是水、水是波浪一樣。色不異空，空不異色，受、想、行、識亦復如是，因為五蘊互相含攝。因為一存在，所以一切存在。

在越南文學中，十二世紀李朝有一位禪師，寫過兩句詩：

此有微塵有；
此無宇宙無。

他的意思是，有和無的概念都是我們的心創造出來
的。他還曾說：「一毫端藏宇宙，一芥子現日月。」這
些比喻對我們表明：一包含一切，一切即是一。你知
道，現代科學已經發現了這個眞理，即：不僅物質和能
量是一，而且物質和空間也是一。不僅物質和空間是
一，而且物質、空間和心靈也是一，因爲心就在它們當
中。

　　因爲色即是空，故色的存在便成爲可能。從色中我
們可以看到受、想、行、識等所有其他的東西。空意味
著空掉孤立的自我。但是，同時這件事物又充滿著一
切，充滿著生命。空這個詞應該不會嚇著我們吧。它是
一個很妙的詞。空並不意味著不存在。如果這張紙不
空，陽光、伐木工人和森林又怎麼能夠進入到它的裡面
呢？它又怎麼能夠成爲一張紙呢？爲了空，杯子必須存
在。爲了空掉一個孤立的自我，色、受、想、行、識必
須存在。

　　空是一切事物的基礎。因爲空，一切事物的存在才
成爲可能。這是西元二世紀佛教哲學家龍樹菩薩的宣
言。空是一個相當樂觀的概念。如果我不空，我就不可
能存在；如果你不空，你就不可能存在。因爲你存在，

空是一切事物的基
礎。因為空，一切
事物的存在才成為
可能。

我才可能存在，這是空的眞正含義。色並沒有一個獨立的實體，觀音菩薩想讓我們明白這一點。

沒有無常怎麼能長大？

如果我們不空，我們就會成爲一塊物質。我們就不能呼吸，就不能思惟。空意味著活著、吸進來、呼出去。如果我們不空，我們就不可能活著。空是無常，是變化。我們不應該抱怨無常，因爲沒有無常，一切事物都將不可能存在。一位佛教徒從英國來看望我，他曾抱怨生命是空和無常的（他成爲佛教徒已經有五年了，已經對空和無常作了大量的思考）。他告訴我，一天，他十四歲的女兒對他說：「爸爸，請不要抱怨無常，沒有無常我怎麼能長大？」當然她是對的。

當你有一粒穀子的時候，你把它託付給土壤，你希望它能長成一株高高的稻子。如果沒有無常，這粒穀子將永遠是一粒穀子，而你也將永遠吃不到一個稻穗。無常對一切事物的生命來說都是嚴酷的。我們不必抱怨無常，相反我們可以說，「無常萬歲！」因爲無常，一切事物的存在才成爲可能。這是一個非常樂觀的解釋。空也同樣如此。空是很重要的，因爲沒有空，一切事物都不可能存在。所以我們也應該說，「空萬歲！」空是一

> 當你有一粒穀子的時候，你把它託付給土壤，你希望它能長成一株高高的稻子。如果沒有無常，這粒穀子將永遠是一粒穀子，而你也將永遠吃不到一個稻穗。

切事物的基礎，因爲空，生命成爲可能。所有這五蘊都遵從著同樣的規律。

延續愉快

「舍利子，是諸法空相，不生不滅。」

諸法，這裡的意思是事物。人是法，樹是法，雲是法，陽光是法。我們能夠想像得到的一切事物都是法。所以當我們說「是諸法空相」的時候，我們的意思是，一切事物都是以空作爲它的自性。這就是爲什麼一切事物能夠存在的原因。這個講法很有意思，它意味著無生無死，這是觀音菩薩曾經說過的極其重要的話。

在我們生活中的每一天，我們都會看到生生死死。一個人出生時，有一份出生證明。當他死後，爲了安葬他，又有一份死亡證明。這些證明書進一步證實了生死的存在。但是觀音菩薩卻說「無生無死」。爲了看看他的說法是不是正確的，我們必須更深入地觀察。

你出生的日子是什麼？在你出生以前你已經存在了嗎？讓我來幫助你，出生意味著從無到有。我的問題是，你出生以前就已經存在了嗎？

一切事物都是以空作為它的自性。這就是為什麼一切事物能夠存在的原因。

　　假設一隻母雞要下蛋。在它下蛋以前，你認為那只蛋已經存在了嗎？是的，當然啦，它在裡面。在你出娘胎之前，你也在裡面。這意味著在你出生以前，你已經存在了──在你母親的體內。事實是，如果一樣東西已經存在了，它就不必再出生了。出生意味著從無到有。如果你已經是某個東西，那麼出生又有什麼用呢？

　　所以，你所謂的生日實際上是你的延續日。下一次你向別人祝賀時，你可以說「延續日快樂」。我認為關於我們究竟是什麼時候出生的，我們可以有一個更好的概念。如果我們倒退九個月，退回到母親懷孕期間，我們就有一個更好的日子，可以填到我們的出生證明上去。在中國，當你出生的時候，人們認為你已經一歲了，在越南也是這樣。所以我們說，我們這一期生命是在母親的子宮裡、從母親懷孕的時候開始的，因此我們可以把這個日期寫到出生證明上。

　　但是這個問題仍然存在：在你母親懷孕以前你是存在還是不存在？如果你說：「存在」，我認為你是正確的。在你母親懷孕以前，你已經存在了，也許一半在你父親體內，一半在你母親體內。因為我們永遠也不可能從空無而變成某種東西。你能指出一樣東西曾經是空無嗎？你認為一朵雲能從空無中產生嗎？在成為雲之前，

我們永遠也不可能從空無而變成某種東西。你能指出一樣東西曾經是空無嗎？

它是水，也許是一條流動的河。它不是空無。你同意嗎？

誕生是一種延續

我們不能想像事物的誕生。它僅僅是一種延續。請再回溯得更遠一些，你將會看到，你不僅存在於你父母的體內，而且也存在於你的祖父母以及你的曾祖父母的體內。當我更深入地觀察的時候，我可以看到，在某個過去世，我是一朵雲。這不是詩，這是科學。我為什麼說在某個過去世我是一朵雲呢？因為我現在是一朵雲，沒有雲我就不可能存在。我就是此刻的雲、河流和空氣，所以我知道，過去我曾是雲、河流和空氣。我是岩石，我是水中的礦物質。這不是一個相信輪迴的問題，這是地球上生命的歷史。我們曾經是青草、陽光、流水、真菌和植物。我們曾經是單細胞的生命。佛陀曾說過，在他的某個過去生裡，他曾經是樹，是魚，是鹿。這些不是迷信。我們每一個人都曾經是雲、鹿、鳥、魚，而且我們將繼續成為這些東西，而不僅僅是在過去世。

不僅僅生是這種情況。沒有任何事物能夠誕生，也沒有任何事物能夠死亡。這是觀音菩薩說的話。你認為

因為我現在是一朵雲，沒有雲我就不可能存在。我就是此刻的雲、河流和空氣，所以我知道，過去我曾是雲、河流和空氣。我是岩石，我是水中的礦物質。這不是一個相信輪迴的問題，這是地球上生命的歷史。

一朵雲會死嗎？死意味著從有到無。你認為我們能把某件東西變成空無所有嗎？讓我們再回到這張紙上。我們也許妄想把它毀掉，我們所要做的全部事情就是點燃一根火柴，把它燒掉。但是如果我們點燃一張紙，它的一部分將化為煙，而煙將上升並且繼續存在。由這張紙燃燒所產生的熱量，將進入到宇宙中，並滲透到其他的事物裡，因為熱量是紙的下一生。餘燼將成為土壤的一部分，所以在這張紙的下一生中，它可能同時是一朵雲和一株玫瑰。為了認識到這張紙永遠無生無滅，我們必須非常仔細、留心。它可能以另外的形式存在。但是，我們不可能把一張紙變成空無一物。

每件事物都是如此，甚至你和我。我們不受生死的支配。一位禪師或許會給學生這樣一個話頭去參：「如何是父母未生前本來面目？」這是一個邀請，邀請我們去開始一個認識自我的旅程。如果你做得好，你將能看到你的前生和你的來生。請記住我們不是在談論哲學，我們是在談論真實。看看你的手，問問你自己：「我的手從什麼時候開始存在的？」如果我們深入地觀察自己的手，我就可以看到它已經存在了很長時間，有三十多萬年了。我看到我的很多世祖先，不僅僅是在過去、而且是在現在，仍然活著，我僅僅是一個延續。我從來不

每件事物都是如此，甚至你和我。我們不受生死的支配。

曾死過。如果我曾經哪怕死過一次，我的手怎麼會還在呢？

能量轉化

　　法國科學家盧瓦希爾[1]（Lavoisier）說過，「沒有事物被創造，也沒有事物被毀滅。」這與《心經》所說恰好是一樣的。即使是最好的當代科學家也不能把哪怕是小如一粒塵埃或一顆電子的東西減少至空無所有。一種能量形式只能轉化為另外一種能量形式。有永遠不能變成無，哪怕是一粒塵埃。

　　通常我們說，人來自於塵埃，又回歸於塵埃。這聽起來不怎麼令人高興。我們不想回歸塵埃。這兒有一個分別，就是：人是很有用的，可是塵埃根本沒有什麼用。但是科學家們甚至不知道一粒塵埃是什麼！它仍然是一個祕密。想像一下，一粒塵埃，它的電子以每秒鐘十八萬英里的速度圍繞著原子核高速旋轉。這是非常令人興奮的。回歸一粒塵埃將會是一樁多麼令人激動的奇遇啊。

　　有時候我們有這種感覺，即我們知道一粒塵埃是什麼。我們甚至自稱我們了解人——我們說人將會回歸塵土。因為我們與一個人共同生活二、三十年了，我們就

一種能量形式只能轉化為另外一種能量形式。有永遠不能變成無，哪怕是一粒塵埃。

會有這種印象，即我們了解他（她）的一切。所以，當我們開車時，那個人緊挨著我們坐著，可是我們卻在想著其他的事情。我們對他不再感興趣了。多麼驕傲啊！坐在我們旁邊的人是一個真正的祕密！我們只是有這個印象，我們了解他，但是實際上我們不了解任何東西。如果我們用觀音菩薩的眼睛來觀察，我們將會看到，即使那個人的一根頭髮，都是整個宇宙。他的一根頭髮可以成為通向終極真實之門。一粒塵埃可以是天國、淨土。當你明白你自己、一粒塵埃和所有事物是互即互入的時候，你將會領悟到事實確實如此。我們必須謙恭。有一句中國諺語講：「知己無知，乃知之始。」

緊密的聯繫

秋季的一天，我在一個公園裡，被一枚非常小但是很美麗的心形樹葉吸引住了，我注視著它，它的顏色幾乎是紅色的，勉強掛在樹枝上，幾乎快掉下來了。我跟它在一起呆了很長時間，問了它很多問題。我發現，這片樹葉曾是這棵樹的母親。通常我們認為樹是母親，而樹葉只是孩子，可是當我觀察這片樹葉的時候，我看出來，這片樹葉也是這棵樹的母親。樹根所吸取的只是水和礦物質，還不足以為樹提供營養，所以樹就把這種原

如果我們用觀音菩薩的眼睛來觀察，我們將會看到，即使那個人的一根頭髮，都是整個宇宙。他的一根頭髮可以成為通向終極真實之門。

始樹液傳送到樹葉那兒去，然後借助光合作用，樹葉負責把這種原始樹液轉化成加工過的樹液，並把它傳送回去，滋養這棵樹。因此樹葉也是樹的母親。因爲樹葉是通過樹莖與樹連接在一起的，它們之間的交流是顯而易見的。

　　我們不再有一根莖把我們與母親聯繫在一起。但是當我們處在她子宮裡的時候，我們有一根非常長的莖（一條臍帶），我們所需要的氧氣和營養物質就是通過這條莖傳送給我們的。不幸的是，在我們稱之爲生日的那一天，它被剪掉了，而我們得到一個錯覺，即我們是獨立的。這是一個錯誤。我們繼續依賴母親有很長一段時間，我們還有其他幾位母親。大地是我們的母親，我們有很多莖把我們和我們的母親大地聯繫在一起。有一根莖把我們與雲聯繫在一起。如果沒有雲，我們就沒有水喝。在我們的身體構成中，至少有百分之七十的水，因而連接雲和我們之間的莖就真的存在了。我們與河流、森林、伐木工人以及農民之間的情形都是如此。成百上千的莖把我們和宇宙間的每件事物都聯繫在一起，因此，我們才存在。你看到了你和我之間的聯繫了嗎？如果你不存在，我也就不存在了，這是肯定的。如果你還沒有看到它，那麼你就再深入地觀察一下，我相信你會

成百上千的莖把我們和宇宙間的每件事物都聯繫在一起，因此，我們才存在。

看到的。正如我所說過的，這不是哲學。你必須真的自己去看。

　　我問這片樹葉，它是否感到害怕，因為秋天了，其他的樹葉都落了。它告訴我：「不，整個春夏期間我都充滿了生機。我努力地工作著，幫助著滋養這棵樹，我的很大一部分已經溶入到這棵樹中。請不要說我只是樹葉這個形象，因為樹葉這個形象只是我的極小一部分。我是整棵樹。我知道我已經在這棵樹裡，而且在我回歸土壤的時候，我將繼續滋養這棵樹。這就是為什麼我不焦慮的原因。當我脫離樹枝飄向地面時，我會向樹揮手，告訴她：『我們很快就會再見面的。』」

　　突然，我看見了一種智慧，非常像《心經》中所包含的那種智慧。你必須去體察生命。你不應該說「樹葉的生命」，你只能這樣說「樹葉裡的生命」和「樹裡的生命」。我的生命只是生命，你可以在我這裡也可以在樹那裡看到它。那天有一陣風吹過，一會兒之後，我看見那片樹葉脫離了樹枝，飄落到地上。它快樂地飄舞著，因為當它飄落的時候，它看到了它已經在樹裡面了。它很幸福。我垂下了頭，我知道我們可以從這片葉子身上學到很多東西，因為它不害怕——它知道，一切事物都無生無死。

這不是哲學。你必須真的自己去看。

天空中的雲也不會害怕。時間到了，雲就會變成雨。變成雨，落下來，喧嘩著，成為密西西比河、亞馬遜河或湄公河的一部分，或者落在蔬菜上，後來成為人的一部分，這些都是很有樂趣的。這是一次令人非常興奮的奇遇。雲知道，如果它落到地面上，它可能會成為海洋的一部分。所以雲不害怕。只有人才感到害怕。

海洋中的波浪有始有終，有生有滅，但是觀音菩薩告訴我們波浪是空的。波浪全體是水，但是波浪空掉了一個孤立的自我。因為風和水的存在，波浪這種色才成為可能。如果波浪只看到它現有的有始有終的形色，它就會害怕生死。但是如果波浪看到它同時是水，並把自己同水統一起來，那麼它就可以從生死中解脫出來。每一個波浪產生了，然後又消失了，但是水卻擺脫了生滅。

宇宙觀

當我還是孩子的時候，我經常玩一個萬花筒。我拿一根管筒和幾片毛玻璃，一點一點地轉動，就可以看到很多奇妙的景象。每一次我用手指輕輕地撥動一下，一個景象就會消失，而另一個景象就會出現。當第一個景象消失的時候，我根本不會哭，因為我知道沒有任何東

雲知道，如果它落到地面上，它可能會成為海洋的一部分。所以雲不害怕。只有人才感到害怕。

西受到損失，另一個美麗的景象總是隨之而來。如果你是波浪，你與水成為了一體，用水的眼睛來看世界，那麼你就不會害怕起起伏伏了。但是請不要滿足於推理，或者把我的話當成事物本身。你必須進入其中，體會它，並與它融為一體。你可以通過禪觀來達到這一點，你不僅僅要在禪堂裡修禪觀，還要把它貫徹到你的日常生活當中去。在你做飯、打掃房間、走路的過程中，你可以觀察事物並努力從空觀的角度來看透它們的本質。空是一個樂觀的字眼，它一點也不悲觀。當觀音菩薩行深般若波羅蜜多的時候，他能看到事物的空性，突然間，他超越了所有的恐懼和痛苦。我曾經看到過有人面帶微笑，安詳地離開人世，因為他們明白生與死僅僅是大海上面的波浪，就像萬花筒中的一個景象。

　　於是你就會明白，我們可以從雲、水、波浪、樹葉和萬花筒中學到很多東西。從宇宙中所有其他事物那裡，也是如此。如果你仔細地觀察事物，足夠地深入，你就會發現互即互入的祕密。一旦你看到了它，你將不再會屈從於恐懼——對生的恐懼或對死的恐懼。生死只是我們心中的妄念，並且這些妄念與現實不相符。這就像上和下的概念一樣，當我們舉起手來的時候，我們很肯定這是上，當我們垂下手的時候，說這是下。天堂是

如果你是波浪，你與水成為了一體，用水的眼睛來看世界，那麼你就不會害怕起起伏伏了

上，地獄是下。但是坐在地球另一面的人們肯定不會同意的，因為上下的觀念不適用於整個宇宙，就像生死的觀念一樣。

那麼請繼續往回看，你將會看到你一直就存在著。讓我們一起來看，並融入樹葉的生命當中去，這樣我們就可以與樹葉成為一體了。讓我們融入進去，與雲或者與波浪成為一體。認識到我們作為水的本質，這樣我們就可以擺脫恐懼。如果我們非常深入地觀察的話，我們將會超越生死。

明天我將繼續存在，但是你要非常留心才能看到我。我將會是一朵花，或者是一片樹葉。我將存在於這些形色中，並向你打招呼。如果你足夠留心，你將會辨認出我並問候我，我將會非常高興。

玫瑰和垃圾

讓我們融入進去，與雲或者與波浪成為一體。認識到我們作為水的本質，這樣我們就可以擺脫恐懼。如果我們非常深入地觀察的話，我們將會超越生死。

「不垢不淨」。

垢或淨，骯髒或純淨，這些是我們心中所形成的概念。一枝我們剛剪下來的玫瑰，我們把它插到花瓶裡，它是乾淨的。它聞起來是那麼香，那麼純潔，那麼清

新。它使人想起純潔這個概念。而與之相反的是垃圾箱，它發出難聞的氣味，裡面裝滿了腐爛的東西。

當你只看到表面時，情況是這樣的。如果你深入地觀察，你將會看到，只需五、六天以後，玫瑰就會成爲垃圾的一部分。你不需要等五天就可以看到這一點。如果你專注地看著這朵玫瑰，深入地觀察，你當下就可以看到這一點。如果你再觀察垃圾箱，你就會發現，幾個月以後，它裡面的東西可能已經轉化爲可愛的蔬菜，乃至變成一株玫瑰。如果你是一個好園丁，有一雙菩薩的眼睛，那麼當你觀察玫瑰的時候，你將能看到垃圾，而當你觀察垃圾的時候，你將能看到玫瑰。玫瑰和垃圾是互即互入的。沒有玫瑰，我們就沒有垃圾；沒有垃圾，我們就沒有玫瑰。它們彼此之間非常需要對方。玫瑰和垃圾是平等的。垃圾確實與玫瑰是一樣寶貴。如果我們深入地觀察「垢」和「淨」這對概念，我們就會返回到互即互入的觀念上來。

在《中部》[2]（Majjhima Nikaya，相當於漢文《中阿含》）中，有很短的一小段講了世界的起源。這段話很簡單，很容易理解，也很深刻：「此有故彼有，此無故彼無，彼是故此是（This is, because that is. This is not, because that is not. This is like this, because that is like

如果你是一個好園丁，有一雙菩薩的眼睛，那麼當你觀察玫瑰的時候，你將能看到垃圾，而當你觀察垃圾的時候，你將能看到玫瑰。

that.）。」這是佛教關於緣起的教義。

富裕與貧困

在馬尼拉這個城市，有很多年輕的妓女，她們中的一些人只有十四、五歲。她們是很不快樂的年輕女性。她們並不想成為妓女。她們的家庭很窮，因此這些年輕姑娘想到城市找份工作，比如大街上的小商販之類的，好掙點錢寄回家裡去。當然，這不僅在馬尼拉是這樣，在越南的胡志明市，在紐約，在巴黎，都是如此。事實也確實是這樣，在城市比在農村容易賺到錢。

所以我們可以想像，為了幫助家庭，一個年輕姑娘是怎樣被誘惑到城裡去的。可是僅僅幾個星期以後，她就被一個聰明的人說服了，去為他工作，這樣她也能賺到百倍於現在的錢。因為她還太年輕，還不怎麼懂得生活，所以她就接受了，結果淪落成為妓女。從那時起，她就背上了骯髒不淨的感覺，而這種感覺給她帶來了巨大的痛苦。當她看到其他年輕姑娘穿戴得很漂亮、出身於富裕的家庭的時候，一種不幸的感覺就會湧上心頭，於是這種自認為骯髒的感覺就成為了她的地獄。

但是如果她有機會與觀音菩薩見面，觀音菩薩就會告訴她，深入地觀察自己和整個社會情形，她就會明

如果她有機會與觀音菩薩見面，觀音菩薩就會告訴她，深入地觀察自己和整個社會情形，她就會明白，她之所以如此，是因為別人如彼。

白，她之所以如此，是因為別人如彼。此是故彼是。所以，一個出身於富裕家庭的所謂的好女孩，又有什麼可驕傲的呢？因為她們這樣的生活方式，才有別的女孩子不得不那樣地生活。我們當中沒有一個人的手是乾淨的，沒有一個人可以宣稱這不是我們的責任。馬尼拉的女孩子之所以過著那樣的生活，是因為我們過著這樣的生活。觀察那些妓女的生活，我們看到了那些不是妓女的人們。觀察那些不是妓女的人們以及我們的生活方式，我們看到了妓女。此助彼生，彼助此生。

　　讓我們來看看富裕和貧困。一個富裕的社會階層和一個被剝奪了一切的社會階層是互即互入的。一個社會階層的富裕是由另一個社會階層的貧困構成的。彼是故此是。財富是由非財富的因素構成的，貧困是由非貧困的因素構成的。這就像那張紙一樣。所以我們必須小心。我們不應該使自己拘泥於概念上。事實是，每件事物都是其他一切事物。我們只能互即互入地存在，我們不可能獨自存在。我們對我們周圍所發生的一切事情都負有責任。觀世音菩薩會告訴那些年輕的妓女們：「孩子們，觀照一下你自己，你將會看到一切。因為別人是那樣生活的，所以你是這樣生活的。你不是唯一責任人，所以請不要再痛苦了。」僅僅通過用互即互入的眼

財富是由非財富的因素構成的，貧困是由非貧困的因素構成的。

睛來看問題，那些年輕的姑娘們就可以從她們的痛苦中解脫出來。你還能提供別的什麼東西以幫助她們獲得心靈的解脫呢？

善惡之縛

我們被我們關於善與惡的概念束縛住了。我們只想成為善的，而想擺脫惡的。但是，這是因為我們忘記了善是由非善的因素構成的。假設我正拿著一根可愛的樹枝，當我們以無分別心來看它的時候，我們會看到這是一根很好的樹枝。但是一旦我們分別一端是左而一端是右的時候，我們就陷入麻煩了。我們或許說，我們只想要左，而不想要右（就像你經常聽到的那樣），麻煩馬上就來了。如果沒有右傾分子，你怎麼能成為一個左傾分子呢？假設我們說我不想要這根枝條的右端，我只想要左端，於是我就把真實的一半掰下來扔掉了。可是一旦我把不想要的那一半扔掉了，剩下來的那一端又變成了右（新的右）。因為只要有左，就必然有右。我或許感到失望，再掰一次。我把我所剩的樹枝又掰掉了一半，可是仍然又有新的右端產生了。

善和惡也是如此。你不可能只是善的。你不可能把惡的都清除掉，因為有惡，善才存在，反之亦然。當你

因為只要有左，就必然有右。我或許感到失望，再掰一次。我把我所剩的樹枝又掰掉了一半，可是仍然又有新的右端產生了。

扮演一出英雄劇的時候，你必須設置一個對手，這樣英雄才能成為英雄。所以佛需要魔來扮演惡的角色，這樣佛才能成其為佛。佛與這張紙一樣是空的；佛是由非佛的因素構成的。如果沒有我們這些非佛的產生，又怎麼能有佛呢？如果沒有右傾分子，我們又怎麼能叫某人左傾分子呢？

按照我的習慣，每次我合掌向佛陀深深地鞠躬時，我都要誦這首短偈子：

皈命頂禮者，
接受頂禮者，
二者俱是空，
是故今圓滿。

這樣說並不是驕傲。如果我不空，我怎麼能向佛頂禮呢？如果佛不空，他怎麼能接受我的頂禮呢？佛和我是互即互入的。佛是由非佛的因素構成的，比如我。我是由非我的因素構成的，比如佛。所以禮敬的主體和客體都是空的。沒有客體，怎麼會有主體呢？

佛是由非佛的因素構成的，比如我。我是由非我的因素構成的，比如佛。所以禮敬的主體和客體都是空的。沒有客體，怎麼會有主體呢？

二元世界

　　在西方，你們為善惡的問題已經爭論很多年了。為什麼要有惡存在呢？對西方人來說，要理解這一點似乎是很困難的。但是借助不二之覺照，這個問題就不成其為問題了：只要有善的概念，就會有惡的概念。為了展示自己，佛需要魔，反過來也是這樣。當你用這種方式觀察現實的時候，你就不會因為玫瑰的緣故而歧視垃圾了。你會同時珍視這兩者。為了擁有一根樹枝，你既需要右端，也需要左端，不要只取一邊。如果你只取一邊，你就是在試圖消滅另一半的真實，而這是不可能的。很多年來，美國一直試圖把蘇聯說成是惡的一方。有些美國人甚至有這種錯覺，即沒有另一半，他們也能獨自存在。但是這就如同相信右邊沒有左邊也可以存在一樣。

　　在蘇聯那邊，情形也是這樣。人們認為，美帝國主義是惡的一方，為了全世界的幸福，我們必須把它消滅掉。但是這是二元看待事物的方法。如果我們深入地觀察美國的話，我們會看到蘇聯。反過來如果我們深入地觀察蘇聯的話，我們也會看到美國。如果我們深入地觀察玫瑰，我們將會看到垃圾；如果我們深入地觀察垃圾，我們將會看到玫瑰。在當今的國際形勢下，每一方

為了擁有一根樹枝，你既需要右端，也需要左端，不要只取一邊。如果你只取一邊，你就是在試圖消滅另一半的真實，而這是不可能的。

都宣稱自己是玫瑰，而把另一方叫做垃圾。

　　這樣一講，「此有故彼有」的觀念就很清楚了。如果你自己想生存，你就必須爲對方的生存而工作。這是非常簡單的道理。生存意味著全體人類的生存，而不僅僅是人類的一部分。現在我們知道，不僅僅在美國和蘇聯之間需要把這個觀念變成現實，在南北之間也應如此。如果南方生存不下去了，那麼北方也就崩潰了。如果第三世界的國家還不起債，你在北方這兒也要受苦了。如果你不關心第三世界，你的富裕狀況就無法持續下去，因而你也就無法再維持以你長時間以來所維持的生活方式。問題已經擺到我們面前來了。

　　所以不要指望你能消滅惡的一方。認爲我們是善的而對方是惡的，是很容易的。可是富裕是由貧困構成的，而貧困是由富裕構成的。這是對現實的一個非常清晰的透視。爲了明白我們必須做什麼，並不需要我們看得多麼遠。蘇聯公民和美國公民都只是人而已。我們不能只通過統計資料來研究和了解一個人。你不能把工作都扔給政府或政治家，你必須自己來幹。如果你能理解蘇聯公民的恐懼和希望，那麼你就能理解你自己的恐懼和希望。只有看透事物的實相才能拯救我們，恐懼不能拯救我們。

不要指望你能消滅惡的一方。認爲我們是善的而對方是惡的，是很容易的。可是富裕是由貧困構成的，而貧困是由富裕構成的。這是對現實的一個非常清晰的透視。

我們不是孤立的，我們不可避免地相互聯繫著。玫瑰就是垃圾，不是妓女的人就是妓女。富人就是窮人，佛教徒就是非佛教徒。非佛教徒不可避免地是佛教徒，因為我們是互即互入的。當年輕的妓女們看到事物互即互入的本性時，她們的解脫就到來了。她們將會明白，她們正在承擔著整個世界的苦果。如果我們觀察自己，並了解了她們，我們就會分擔她們的痛苦以及整個世界的痛苦。

月亮總是月亮

「不增不減」。

我們焦慮是因為我們以為自己死後不再是人了，我們會重新成為一粒塵埃。換句話來說，我們「減」了。

但是這不是真的。一粒塵埃包含著整個宇宙。如果我們像太陽一般大，我們就可以往下看到地球，看到它是多麼地渺小。同樣地，作為人，我們也是這樣看待塵埃的。但是大和小的觀念只不過是我們心中的概念而已。每件事物都包含著其他一切事物；這是互即互入（interpenetration）的原則。這張紙包含著陽光、伐木工

大和小的觀念只不過是我們心中的概念而已。

人、森林、所有一切，所以一張紙是小的、微不足道的想法只不過是一個觀念而已。我們甚至無法毀滅一張紙。我們沒有能力毀掉任何東西。當甘地和馬丁‧路德‧金被暗殺的時候，暗殺者想把他們減少到一無所有。但是他們卻繼續與我們在一起，甚至比以前更親密了，因為他們繼續以別的形式存在著。我們本身就在延續著他們的生命。所以我們不要害怕「減」。這就像月亮，我們看到它增了、減了，可是它卻永遠是月亮。

佛由非佛因素構成

「是故空中無色，無受、想、行、識；無眼、耳、鼻、舌、身、意；無色、聲、香、味、觸、法；無眼界，乃至無意識界；無無明，亦無無明盡；乃至無老死，亦無老死盡；無苦集滅道，無智亦無得。」

這句話是從確認五蘊皆空開始的。五蘊不能獨自存在，每一蘊都必須與其他四蘊互即互入地存在。

這個句子的下半部分是列舉十八界（dhatus）。首先是六根（六個感官）：眼、耳、鼻、舌、身、意。接下來是六塵（感覺的六個物件）：色、聲、香、味、觸、

我們不要害怕「減」。這就像月亮，我們看到它增了、減了，可是它卻永遠是月亮。

法。色是眼塵，聲是耳塵，如此等等。最後，這六根、六塵互相接觸又產生了「六識」：眼識，耳識，乃至最後一識是意識。所以，這部經文講，從第一界「眼」開始到第十八界「意識」，這十八界當中沒有一界能夠獨自存在，因為每一界只能與其他各界互即互入地存在。

十二因緣

　　接下來談到十二因緣（pratitya samutpada）。十二因緣是從無明開始，以老死結束。這部經裡的意思是講，十二因緣中沒有一個因緣能獨自存在，每一個因緣的存在只能依賴於其他因緣的存在。因此，十二因緣都是空的，而且正因為它們是空的，它們才真正地存在著。同樣的規律也適用於四聖諦：無苦、無集、無滅、無道。經文中列舉的最後一項是：無智亦無得。般若智慧（prajna）是佛的精髓。「無智」的意思是，般若智慧沒有孤立的實體。般若智慧是由非般若智慧的因素構成的，就像佛是由非佛的因素構成的一樣。

　　我想給你們講一個佛和魔的故事。有一天，佛在他的岩洞裡，佛的侍者阿難站在門外邊。突然，阿難看見魔來了。他很驚訝、很不高興，希望魔走開。但是魔卻徑直向他走來，並請他向佛通報一下他的來訪。

般若智慧是由非般若智慧的因素構成的，就像佛是由非佛的因素構成的一樣。

　　阿難說：「你爲什麼到這兒來了？你不記得你過去在菩提樹下被佛陀打敗了嗎？你來這兒不覺得害臊嗎？走開！佛陀不會見你的。你太壞了。你是他的敵人。」魔聽了這些話，哈哈大笑起來：「你是說你的老師告訴過你他有敵人嗎？」這一問使阿難很尷尬。他知道他的老師從沒有說過他有敵人。所以阿難被打敗了，不得不進去通報魔的來訪。他希望佛陀會說：「去告訴他我不在這兒，告訴他我在開會。」

　　可是當佛陀聽說魔這樣一個老朋友來拜訪他時，他很興奮。「眞的嗎？他眞的來了嗎？」佛陀一邊說，一邊親自出去迎接魔。阿難非常難過。佛陀徑直向魔走去，鞠了個躬，用最親切的方式握著他的手。佛陀說：「嗨！你好嗎？一向可好？事情順利嗎？」

　　魔沒有吭聲。於是佛陀把他帶到岩洞裡，給他準備了個座位，讓他坐下來，並吩咐阿難去爲他們倆準備香茶。「爲我的師父我可以一天泡一百次茶，可是給魔泡茶可不是一件令人高興的事，」阿難想道。可是既然這是他師父的命令，他又怎麼能拒絕呢？於是阿難去爲佛陀和所謂的客人準備香茶，一邊準備，他一邊卻努力地傾聽他們的談話。

　　佛陀很親切地又問到：「你一向可好嗎？事情順利

魔聽了這些話，哈哈大笑起來：「你是説你的老師告訴過你他有敵人嗎？」這一問使阿難很尷尬。

嗎？」魔說：「一點也不順利。我當魔當煩了，我想當別的。」

　　阿難感到很害怕。魔說：「你知道，做魔不是一件容易的事情。如果你說話，必須打悶葫蘆。不管你做任何事情，你都必須很狡猾，看起來很壞。我煩透了這一切。可是令我更不能忍受的是我的弟子們。他們現在老是談論社會正義呀、和平呀、平等呀、解脫呀、不二呀、非暴力呀，所有這些名詞。我真受夠了！我覺得我把他們都轉交給你比較好。我想當別的。」

　　阿難開始發抖了，因為他害怕他的師父會決定扮演別的角色。那樣，魔就成了佛，佛就成了魔。這使他很傷心。

　　佛陀專心地傾聽著，充滿了慈悲。最後，他用一種平靜的聲音說：「你以為當佛就很快樂嗎？你不知道我的弟子們都做了些什麼！他們把我從來沒有說過的話塞進我嘴裡。他們修建起花花綠綠的寺廟，把我的塑像放在佛臺上，好為他們吸引香蕉、橘子和甜果。他們把我包裝起來，把我的教義變成了一項交易專案。魔，如果你知道當佛真正是怎麼一回事，我敢肯定你不想當佛了。」隨後，佛陀誦了一首長偈，總結了前面的談話。

阿難開始發抖了，因為他害怕他的師父會決定扮演別的角色。那樣，魔就成了佛，佛就成了魔。

解脫

「以無所得故，菩提薩埵，依般若波羅蜜多故，心無罣礙，無罣礙故，無有恐怖，遠離顛倒夢想，究竟涅槃。三世諸佛，依般若波羅蜜多故，得阿耨多羅三藐三菩提。」

這些障礙就是我們關於生死、垢淨、增減、上下、內外、佛魔等等的觀念。一旦我們用互即互入的眼睛來看問題，它們就會被從我們的心中清除掉。我們就能超越恐懼，把自己從虛妄中永遠地解放出來，從而實現究竟涅槃。一旦波浪認識到它僅僅是水，除了水再沒有別的，它就會意識到，生死對它無法造成任何傷害。它已經超越了各種各樣的恐懼，而究竟涅槃就是這種無畏的狀態。你解脫了，你不再屈從於生死、垢淨。你擺脫了這一切。

薩婆訶

「故知般若波羅蜜多，是大神咒，是大明咒，是無上咒，是無等等咒，能除一切苦，真實不虛。故說般若

一旦波浪認識到它僅僅是水，除了水再沒有別的，它就會意識到，生死對它無法造成任何傷害。它已經超越了各種各樣的恐懼，

波羅蜜多咒，即說咒曰：揭諦揭諦，波羅揭諦，波羅僧揭諦，菩提薩婆訶。」

　　咒語是當你的身心和呼吸在甚深禪定中合而為一的時候所說的話。當你處於那種甚深禪定中時，你能夠看透事物，看它們就好比看掌上的一隻橘子一樣清楚。通過深入地觀照五蘊，觀世音菩薩看到了事物互即互入的本性，超越了一切痛苦。他完全地解脫了。就是在這種甚深禪定、這種喜悅和解脫的狀態中，他說了一些重要的話。這就是為什麼他所說的話是咒語的原因。

改變世界的話

　　兩個年輕人相愛的時候，女孩可能一直在等待著三個非常重要的字，可是男孩還沒有說出來。如果男孩是個非常負責任的人，他也許是想要確證一下自己的感情，因而在說那三個字以前他可能要等好長時間。然後有一天，他們一起坐在公園裡，旁邊沒有別的人，周圍靜靜的，兩個人沉默了很長一段時間後，他終於說出了那三個字。當女孩子聽到這句話的時候，她有點發抖，因為這是一句多麼重要的宣言。當你這樣用你的整個生命來說話的時候，而不僅僅是用你的嘴或你的頭腦，這

當你這樣用你的整個生命來說話的時候，而不僅僅是用你的嘴或你的頭腦，這樣說出來的話就可以改變世界。

樣說出來的話就可以改變世界。凡是具有這樣的改變力量的話就被稱作咒語。

　　觀世音菩薩的咒語是：「揭諦揭諦，波羅揭諦，波羅僧揭諦，菩提薩婆訶」。「揭諦」的意思是「去」。從痛苦中走向解脫，從無明中走向覺照，從二走向不二。「揭諦揭諦」的意思是「去呀，去呀」。「波羅揭諦」的意思是「走過所有的道路到彼岸去啊」。所以這個咒語的語氣是很強的。去呀，去呀，走過所有的道路去彼岸啊。在「波羅僧揭諦」中，「僧」的意思是每一個人，僧伽，眾生的全體。每個人都到彼岸去。「菩提」是內在的光明，是覺悟，或者覺醒。你觀照著，這種實相觀使你獲得了解脫。「薩婆訶」是一種喜悅或興奮的呼喊，就像「歡迎！」或「哈利路亞（Hallelujah）！」。「去呀，去呀，走過所有的道路，大家都到彼岸去啊，覺悟了，薩婆訶！」。

　　這就是觀音菩薩所說的話。當我們聽這個咒語的時候，我們應該讓自己沉浸到一種全神貫注的狀態中去，這樣我們才能接收到觀世音菩薩所散發出來的力量。我們背《心經》不像唱一首歌兒，或者僅僅是用智力。如果你修習空觀，如果你把你的身心都契入到了事物互即互入的本性中去，你將會達到一種甚深禪定的狀態。那

如果你修習空觀，如果你把你的身心都契入到了事物互即互入的本性中去，你將會達到一種甚深禪定的狀態。

時侯，如果你用你全部的生命來念這個咒語，它就會產生力量，因而你也就能夠與觀世音菩薩進行真正的溝通和交流，而你也將能夠朝著覺悟的方向來完善自己。這篇經文不僅僅是用來唱誦的，或者是被放到佛龕上受人敬仰的。它被當作一個工具提供給我們，以便我們為自己的解脫和所有眾生的解脫好好地工作。它就像一個農具一樣，被提供給我們，以便我們好好地耕田。這是觀音菩薩的禮物。

三種禮物

　　世界上有三種禮物（即三種布施）。第一種是物質資源方面的禮物（財施）。第二種是知道如何行動的禮物，即法的禮物（法施）。第三種也是最高級的禮物，就是無畏的禮物（無畏施）。觀世音菩薩能夠幫助我們從恐懼中解脫出來。這是般若波羅蜜多之心。

　　般若波羅蜜多為我們與自己和平相處、超越對生死的恐懼和彼此的二元對立提供了堅實的基礎。在空性的光照中，每件事物同時都是其他一切事物，我們互即互入地存在著，每個人都對生活中所發生的每一件事情負有責任。當你在自己的心中創造出和平和幸福的時候，你就是在開始為整個世界實現和平。借助於你內心的微

當你在自己的心中創造出和平和幸福的時候，你就是在開始為整個世界實現和平。借助於你內心的微笑，借助於你體內養成的正念呼吸，你就是在開始為世界的和平而工作。

笑，借助於你體內養成的正念呼吸，你就是在開始為世
界的和平而工作。你微笑，不僅僅是為了你自己；世界
會因為你的微笑而發生變化。當你練習坐禪的時候，就
算你只享受坐禪的一剎那，如果你在內心裡建立起了寧
靜和幸福，你就是在幫世界提供和平的堅實基礎。如果
你不能給自己帶來和平，你又怎麼能夠與別人分享和平
呢？如果你不從自身的和平工作開始做起，你又從哪兒
開始呢？坐禪，微笑，觀察事物並真正地了解它們，這
些都是和平工作的基礎。

　　昨天，在我們的靜修活動中，我們舉行了一個橘子
會。每個人發了一個橘子。我們把它放在手掌上，注視
著它，正念呼吸，橘子就會慢慢地變得真切起來。大多
數時候我們吃橘子，我們並沒有觀察它。我們在想著很
多其他的事情。觀察一顆橘子意味著觀看花蕾是怎樣變
成果實的，意味著觀察陽光和雨水。我們掌上的橘子是
生命的一種精彩展示。我們能夠真正看到這顆橘子，聞
到它的花香和溫暖潮濕的泥土味兒。當這顆橘子變得真
切起來的時候，我們也變得真切起來。生命在那一刻也
變得真切起來。

　　我們開始專心地剝橘子，聞它的清香。我們小心地
取下每一瓣橘子，把它放在舌頭上，我們能夠感覺到這

如果你不能給自己
帶來和平，你又怎
麼能夠與別人分享
和平呢？如果你不
從自身的和平工作
開始做起，你又從
哪兒開始呢？

是一顆真正的橘子。我們在完全的覺照狀態下吃每一瓣橘子，直到吃完一整顆。這樣吃橘子是很重要的，因為橘子和吃橘子的人都變得真切起來了。這也是和平的基礎工作。

在佛教禪修中，我們並不是在為五年或十年以後才會發生的開悟而奮鬥。我們修行是為了使我們生命中的每一刻都成為真正的生活。因此，當我們坐禪的時候，我們是為坐而坐；我們不是為其他東西而坐。如果我們坐二十分鐘，那麼這二十分鐘應該給我們帶來快樂和生機。如果我們練習行禪，我們只是為行而行，不是為了到達某個目的地。我們必須隨每一個步履而生機律動，如果我們這樣做到了，那麼每一個步履都將會為我們帶回真正的生命。同樣地，當我們吃早餐的時候，或者當我們抱孩子的時候，我們都可以這樣練習覺照。擁抱是一種西方習俗，我們東方人願意把練習有覺照地呼吸加入到其中去。當你懷抱孩子的時候，或者擁抱你的母親、丈夫、朋友的時候，專注地呼吸三次，這樣你的快樂將至少增加十倍。當你看某個人的時候，你要真正地專心地看著他，並練習有覺照地呼吸。

我們修行是為了使我們生命中的每一刻都成為真正的生活。

對和平的貢獻

在每頓飯的開始，我建議你看著盤子並默默念誦：「我的盤子現在是空的，但是我知道一會兒它將裝滿美味的食物。」在你等待服務的過程中，或者自己動手之前，我建議你呼吸三次，並更深入地觀察它：「就在此刻，世界上有很多很多的人也拿著盤子，但是他們的盤子會很長時間是空著的。」因為缺少食物，每天有四萬兒童死於饑餓。這僅僅是兒童，並不包括成年人。能吃上這麼精美的飯菜我們可能會很高興，但是由於我們能夠這樣觀照，我們也會很痛苦。可是當我們這樣觀照的時候，我們會變得頭腦清醒，因為我們眼前的路變得清清白白了：我們應當按照這種方式去生活，以便使自己既能與自己、也能與世界和平相處。當我們既看到了善、又看到了惡，既看到了奇蹟、又看到了深重的災難的時候，我們就必須以這種方式去生活，以便我們能夠在自己和世界之間創造出和平來。般若智慧是禪觀的結果。般若智慧是一切事物的基礎。

我們所做的每一次呼吸，我們所邁出的每一個步履，我們所綻開的每一個微笑，都是對和平的一個積極貢獻，都是朝向世界和平邁出的不可缺少的一步。在互即互入的光照中，你日常生活中的和平和幸福同時也就

我們所做的每一次呼吸，我們所邁出的每一個步履，我們所綻開的每一個微笑，都是對和平的一個積極貢獻，都是朝向世界和平邁出的不可缺少的一步。

意味著世界的和平和幸福。

　感謝你們這樣專心地聽講。感謝你們聆聽觀世音菩薩的話。因爲有你們，《心經》就變得很容易接受了。

注釋

①安托萬・拉瓦錫（Antoine-Laurent de Lavoisier，1743-1794）於一七七二年指出硫、磷燃燒後重量增加，是因為吸收了空氣中的一種元素，他將之命名為氧，並以此為基礎，列出三十三種化學元素，編出元素表，打破前人認為物質由水、火、土和空氣組成之說。

②《中部》為南傳經典，分為十五品一五二經，其中有九十八經完全北比傳一致。以巴利文（Pali）記載的南傳經典，分為五部，就是《相應部》（Samyutta-nikaya）含二二九八經，內分偈、因緣、蘊、處、大五品、《中部》（Majjhima-nikaya）含一五二經、《長部》（Digha-nikaya）含三十四經、《增支部》（Anguttara-nikaya）含二二九一經和《小部》（Khuddaka-nikaya）等「巴利五部」，其前四部與北傳的「四部阿含」相當。

與生命相約

《上座比丘經》

漢譯《上座比丘經》（《雜阿含經》第1071經）

如是我聞，一時佛住舍衛國祇樹給孤獨園。時有比丘，名曰上座，獨住一處，亦常讚歎獨一住者，獨行乞食，食已獨還，獨坐禪思。時有眾多比丘詣佛所，稽首佛足，退坐一面，白佛言：「世尊，有尊者名曰上座，樂一獨處，亦常讚歎獨一住者，獨入聚落乞食，獨出聚落，還至住處，獨坐禪思。」爾時世尊語一比丘：「汝往詣彼上座比丘所，語上座比丘言，大師告汝。」比丘受教，詣上座比丘所，白言：「尊者，大師告汝。」時上座比丘即時奉命，詣世尊所，稽首禮足，退住一面。爾時世尊告上座比丘：「汝實獨一靜處，讚歎獨處者，獨行乞食，獨出聚落，獨坐禪思耶？」上座比丘白佛言：「實爾，世尊。」佛告上座比丘：「汝云何獨一處，讚歎獨住者，獨行乞食，獨還住處，獨坐禪思？」上座比丘白佛：「我唯獨一靜處，讚歎獨住者，獨行乞食，獨出聚落，獨坐禪思。」佛告上座比丘：「汝是一住者，我不言非一住，然更有勝妙一住。何等為勝妙一住？謂比丘，前者枯乾，後者滅盡，中無貪喜，是婆羅

門，心不猶豫，已捨憂悔，離諸有愛，群聚使斷，是名
一住。無有勝住過於此者。」爾時世尊即說偈言：

「悉映於一切，
悉知諸世間，
不著一切法，
悉離一切愛；
如是樂住者，
我說為一住。」

佛說此經已，尊者上座聞佛所說，歡喜隨喜，作禮
而去。

《勝妙獨處經》

巴利文《勝妙獨處經》（又名《跋地羅帝偈經》，此
經內容與漢譯《中阿含經》165、166、167經主題內容相
似，其中跋地羅帝偈之語句略有出入，今依作者文本譯
出，並把漢譯跋地羅帝偈附在旁邊，供讀者參考——譯
者注）

如是我聞，一時佛在舍衛國祇樹給孤獨園，召諸比丘曰：「諸比丘！」諸比丘應諾。世尊言：「吾示汝勝妙獨處法門。吾先略說此教，後廣而說之。諦聽諦聽，善思念之。」

「唯然，世尊，願樂欲聞。」

佛言：

	漢譯跋地羅帝偈：
慎莫念過去，	慎莫念過去，
亦勿願未來。	亦勿願未來。
過去事已滅，	過去事已滅，
未來復未至。	未來復未至。
當下於此時，	現在所有法，
如實行諦觀。	彼亦當為思。
行者住於斯，	念無有堅強，
安穩無障礙。	慧者覺如是。
今日當精進，	若作聖人行，
勿待明日遲。	孰知愁於死。
死亡不可期，	我要不會彼，
吾當如何置。	大苦災患終。
若有如是人，	如是行精進，
安住於正念，	晝夜無懈怠。

畫夜無間斷。　　　是故當常說，
聖者遂稱彼，　　　跋地羅帝偈。
了知聖獨處。

「諸比丘，云何念過去耶？有人如是思惟，此色過去如是，此受過去如是，此想過去如是，此行過去如是，此識過去如是，若思惟是事，心執著於是，不肯放捨，是事屬過去，當下不復在，若如是行者，是人念過去。」

「諸比丘，云何不念過去？有人如是思惟，此色過去如是，此受過去如是，此想過去如是，此行過去如是，此識過去如是，若思惟是事，心不樂於是，亦不住於是，是事屬過去，當下不復在，若如是行者，是不念過去。」

「諸比丘，云何願未來耶？有人如是思惟，此色未來如何，此受未來如何，此想未來如何，此行未來如何，此識未來如何，若思惟是事，心中不放捨，白日夢想之，是事屬未來，未來尚未至，若如是行者，是人願未來。」

「諸比丘，云何不願未來？有人如是思惟，此色未來如何，此受未來如何，此想未來如何，此行未來如

何，此識未來如何，若思惟是事，心不住於是，亦不作妄想，是事屬未來，未來尚未至，若如是行者，是不願未來。」

「諸比丘，云何受現在耶？有人於佛、於法、於僧不聞亦不學，於聖者及聖教法，了無所知，亦不修習思惟聖教，而作是思惟，『此色是我，我是此色。此受是我，我是此受。此想是我，我是此想。此行是我，我是此行。此識是我，我是此識。』若如是行，如是思惟，是謂受現在。」

「諸比丘，云何不受現在？有人於佛、於法、於僧聽聞修學，於聖者及聖教法，親近了知，修習聖教法，而不作如是思惟：『此色是我，我是此色。此受是我，我是此受。此想是我，我是此想。此行是我，我是此行。此識是我，我是此識。』是謂不受現在。」

「諸比丘，我已略說、廣說此勝妙獨處法門。」

諸比丘聞佛所說，歡喜信受，作禮而去。

經文要旨

佛陀在世的時候，有個名叫翳迦毗訶羅雅（Ekavi-hariya）的比丘，他喜歡獨處。他的名字的字面意思就是

「獨處」。他之所以能夠獲得這個嘉名，是因爲他非常平靜，能夠時時保持正念。佛陀曾經用這樣一首偈子來讚美他：

> 獨坐獨安息，
>
> 精進無懈怠，
>
> 悉達諸苦根，
>
> 受用大寂靜，
>
> 安住勝孤獨。

此偈見於《法句經》[1]（Dhammapada）。翳迦毗訶羅雅比丘受到同修們的愛戴和恭敬。他寫的一些偈子在《長老偈經》[2]（Theragatha）第537至546偈中可以找到。在這些詩偈中，他讚美了獨處的寧靜。

另外有一個名叫上座（Thera）的比丘，他也喜歡獨處，並且時常高度讚美孤獨的生活。然而這位比丘並未受到同修們乃至佛陀的讚揚。或許他曾經聽說修行獨處是值得讚揚的，因而他想修行獨處。然而他所過的那種孤獨的生活，只是一種外表。他的同修們注意到在他修行獨處的過程中有某些不和諧的東西。他們把這件事情告訴了佛陀，於是佛陀讓上座比丘來見他。上座比丘來

到佛陀跟前，佛陀問：「大家說你喜歡獨處，並且讚美獨處，是真的嗎？」

這位比丘回答說：「是的，世尊，確實如此。」

佛陀問：「你是如何獨處的？」

上座比丘回答說：「我獨自進村行乞，獨自離開村莊，獨自回到精舍，獨自吃午飯，然後獨自修習禪定。」

佛陀說道：「上座比丘，你過的確實是孤獨的生活，我不否認。但是我想告訴你真正過勝妙孤獨生活的方法。」

於是佛陀開示他：「放下過去，放下未來，深入觀察當下發生的事情，但不要執著於它。這是獨處的最美妙的方法。」

這段對話，類似於前面從《阿含經》（《雜阿含經》1071）中摘錄的那段文字，它出自巴利文經藏《相應部》[3]第20、21《上座比丘經》（Theranamo Sutta）。

安住當下

我相信上座比丘聽了佛陀的教誨以後，改變了他的獨處方式。佛陀講，安住當下就是獨處的方法。如果一個人不能夠提起正念，安住當下，那麼，即使他（她）獨自一人處在森林中，也不算是真正的獨處。但是，如

放下過去，放下未來，深入觀察當下發生的事情，但不要執著於它。這是獨處的最美妙的方法。

果一個人提起了正念，安住當下，不爲過去而懊悔，不爲未來而擔憂，知道如何觀察和理解當下正在發生的事情，那麼可以說他（她）明白了獨處的含義。我相信，上座比丘聽了佛陀的教誨之後，一定會學著去做，把它付諸實踐的。

前面第一部經名叫《上座比丘經》（Theranamo），Theranamo的意思是「一個名叫上座的人」。「上座」（Thera）可能不是這位比丘的名字。「上座」（Thera）意思是「長者」。可能是佛陀向這位比丘開示了這部經的內容之後，其他比丘出於對他的恭敬，才開始稱他爲「上座」，而不再用他原來的名字。

一個人，如果像佛陀所教導的那樣，知道了勝妙獨處的方法，沒有必要脫離社會而獨居一處。把社會推得遠遠地而獨自住在森林中，並不能保證生活於孤獨當中。假如我們繼續回憶過去、擔心未來或者沉溺於當下的煩惱中，我們決不可能做到眞正的獨處。

關於這一點，《鹿紐經》[4]（Migajala sutta）中也講得非常明白（見巴利文經藏《相應部》35，63-64經）。當時佛陀住在瞻波國（Campa）的一個湖邊。有個名叫鹿紐的比丘來看望他。鹿紐已經聽說過有關勝妙獨處的教法，因此他前來向佛陀打聽有關情況。

把社會推得遠遠地而獨自住在森林中，並不能保證生活於孤獨當中。假如我們繼續回憶過去、擔心未來或者沉溺於當下的煩惱中，我們決不可能做到眞正的獨處。

佛陀向鹿紐開示道：「色和意象作爲我們想像的物件，可能是令人愉快的、欲樂的和難忘的。它可以勾起我們的貪心和欲望。一個比丘，如果執著於它們，那就被它們所繫縛，因而他也就不能做到獨處。他永遠與其他的東西生活在一起。」「與其他的東西生活在一起」這一表達方式，是從Sadutiyavihari一詞翻譯過來。它的反義詞就是「獨處」。但是，佛陀使用這個詞的時候，他的意思並不是說這位比丘與別的人生活在一起。他的意思是說，一位比丘被外境乃至法塵所轉時，事實上，他是與那些事物生活在一起的。

真正獨處之道

佛陀補充道：「事實上，鹿紐，假如一個比丘被任何類似這樣的桎梏所拘縛，即使他生活在莽林的深處，生活在沒有人煙的不毛之地，他仍然和其他的人生活在一起。爲什麼？因爲他沒有擺脫將他拘縛起來的諸桎梏。他就是與這些桎梏生活在一起。」

佛陀教導鹿紐，一個知道勝妙獨處法門的人，生活得很輕鬆，他沒有被內在的諸行識所束縛，這些行識基於六根之物件，即色、聲、香、味、觸、法等六塵。

佛陀的結論是：「鹿紐，假如一個比丘能這樣生活

假如一個比丘被任何類似這樣的桎梏所拘縛，即使他生活在莽林的深處，生活在沒有人煙的不毛之地，他仍然和其他的人生活在一起。

的話，即使他生活在村子的中心，即使與比丘、比丘尼
或者在家居士生活在一起，即使身處於皇宮貴族、達官
貴人之列，或者與外道住在一起，他仍然是一個知道勝
妙獨處的人。他過著獨處的生活，因為他擺脫了所有形
式的執著。」

　　另外還有一次，佛陀住在給孤獨園（Anathapindi-
ka），他把諸比丘召集在一起，向他們開示了概括有關勝
妙獨處法門之主要觀點的詩偈，這就是《跋地羅帝偈經》
（即《勝妙獨處經》）的主題。這首詩偈很出名，在其他
很多經典中也出現過。在漢譯經藏中，《中阿含經》有
三處經文摘錄了這首詩偈。第一篇經文是《溫泉林天經》
（《中阿含經》第165經）。在這部經文中，該詩偈被引用
了四次。第二篇經文是《釋中禪室尊經》（《中阿含經》
第166經）。在這部經文中，該詩偈被引用了三次。第三
篇經文是《阿難說經》（《中阿含經》第167經）。在這部
經文中，該詩偈被引用過一次。

　　在巴利文經藏中，我們碰到有四篇經文引用了「跋
地羅帝偈」，均見於《中部》（Majjhima Nikaya）。第一
部經文是《跋地羅帝偈經》（Bhaddekaratta sutra）。第二
部經文是《阿難跋地羅帝偈經》（Ananda-Bhaddekaratta
sutra，相當於《中阿含經》第167經，即《阿難說經》）。

即使他生活在村子
的中心，即使與比
丘、比丘尼或者在
家居士生活在一
起，即使身處於皇
宮貴族、達官貴人
之列，或者與外道
住在一起，他仍然
是一個知道勝妙獨
處的人。他過著獨
處的生活，因為他
擺脫了所有形式的
執著。

第三部經是《摩訶迦旃延跋地羅帝偈經》（Mahakaccana-bhaddekaratta sutra，相當於《中阿含經》第165經，即《溫泉林天經》）。第四部經是《盧夷強耆跋地羅帝偈經》（Lomasakangiya-bhaddekaratta sutra，相當於《中阿含經》第166經，即《釋中禪室尊經》）。

　　勝妙獨處法是佛教的一個重要主題。它按佛陀所教導的覺醒的方式來覺照生命存在的本質：放下過去和未來，提起正念，深入觀察和揭示當下所發生的一切事物的真相。除了上面提到的巴利文四篇經文和漢譯三篇經文之外，獨處的主題還在別的經文中多處提到（儘管「跋地羅帝」一詞沒有出現）。例如，在我們上面引用的《上座名經》和《鹿紐經》中就出現過。

　　ekavihari（獨處者）和sadutiyavihari（與他人共住者）這兩個詞，在《鹿紐經》（Migajala sutra）中很容易理解和接受。但是bhaddekaratta（跋地羅帝）一詞卻很難翻譯。曇摩難提（Dharmanandi，義爲「法喜」）在把《雜阿含經》（Samyuktagama）翻譯成漢語的時候，因爲不了解這是一個複合詞，於是乾脆根據讀音把它譯成漢字，並且把它作爲這首詩偈的題目。

　　不少南傳佛教法師把ekaratta一詞理解爲「一天夜晚」，而把Bhaddekaratta譯成「一個適合修行禪定的美

覺照生命存在的本質：放下過去和未來，提起正念，深入觀察和揭示當下所發生的一切事物的真相。

妙夜晚」。從這篇經文的上下文聯繫來判斷，我相信這種
譯法是不正確的。Bhadda的意思是「好的」、「理想
的」。Eka意思是「一」或者「單獨」。Ratta意思是「喜
歡」。當代佛教學者拉拉難陀比丘（Bhikkhu Nanananda）
把這篇經文的題目譯成「喜歡獨處的理想者」。通過大量
的思考，我認為，把Bhaddekaratta理解為「勝妙獨處法
門」更接近經文的原意。

　　這首詩偈，又名「勝妙獨處法門」，為佛陀所作，概
括了他對上座比丘和鹿紐所作開示的主要意思。佛陀在
給孤獨園向僧眾宣讀了這首詩偈，然後又為他們作了詳
細解說。該經的開頭的幾段描述了這篇經文宣說的時節
因緣。

覺悟的基礎

　　當時，能夠親自聆聽佛陀講法的人只限於在給孤獨
園出家的比丘眾。因為這一主題非常重要，所以住在別
處的比丘、比丘尼也逐漸知道了這一勝妙獨處偈。《溫
泉林天經》中講：一次，佛陀住在王舍城竹林迦蘭哆
園，當時尊者三彌提亦住在附近。一天上午，三彌提在
溫泉中洗完澡，穿上衣服，這時一位美麗的天神出現
了，向他稽首作禮，並問他是否聽聞和修習過勝妙獨處

偈。天神說：「尊者三彌提，您應當請求佛陀教我們這
首偈子，以便我們好好修行。我聽說這首偈子包含著佛
陀教法中的甚深法意，它是覺悟的基礎，它可以導向菩
提智慧和涅槃。」天神講完之後，合掌繞尊者三匝，以
示恭敬。

　　尊者三彌提來到佛陀的住處。頂禮世尊之後，他就
把他同天神相遇之事告訴了佛陀，並請求佛陀教給他勝
妙獨處偈。佛陀問三彌提是否認識那位元天神。三彌提
回答說不認識，於是佛陀就告訴他這位天神的名字，並
說這位天神住在三十三天。之後，三彌提和在場的諸比
丘重新請求佛陀向他們開示這首偈子。佛陀背誦道──

　　慎莫念過去，

　　亦勿願未來，

　　過去事已滅，

　　未來複未至。

　　當下於此時，

　　如實行諦觀，

　　行者住於斯，

　　安穩無障礙。

　　今日當精進，

勿待明日遲，

死亡不可期，

吾當如何置。

若有如是人，

安住於正念，

晝夜無間斷，

聖者遂稱彼，

了知勝獨處。

　　背完這首偈子之後，佛陀離開了座位回到他的茅屋打坐去了。諸比丘，包括三彌提，希望能聽到關於這首偈子的解釋。於是他們就去找長者大迦旃延（Kac-cana），他是佛陀的大弟子之一。先向他背誦了這首偈子，然後請求他解釋這首偈子。大迦旃延以其諸多美好的德行和智慧而著稱，他經常受到佛陀的讚揚。諸比丘想，他一定能夠對這首偈子給予透徹的解釋。剛開始大迦旃延有些猶豫，他建議直接去問佛陀。但是，最後，由於大眾的堅持，大迦旃延同意爲他們解釋這首偈子。這位尊者的注解，就成了《溫泉林天經》的基本內容。

　　解釋完這首偈子之後，尊者告訴諸比丘，如果有機會，他們應當直接請求佛陀解釋這首偈子，因爲他自己

的覺悟畢竟沒有佛陀那麼圓滿。

　　諸比丘，包括三彌提，後來拜見了佛陀，他們把大迦旃延對「勝妙獨處」這首偈子的解釋告訴了佛陀。佛陀讚美了尊者：「善哉善哉！我弟子中有眼有智有法有義。所以者何？謂師爲弟子略說此教，不廣分別，彼弟子以此句以此文而廣說之，如大迦旃延比丘所說。汝等應當如是受持。所以者何？以說觀義應如是也。」上述這段故事發生在恆河（the Ganges）左岸摩揭陀國（Magadha）的首都王舍城（Rajagriha）。後來這個故事在恆河右岸拘薩羅（Kosala）王國的首都舍衛城（Sravasti）裡也發生過。事見《釋中禪室尊經》（Shakyan Hermitage Sutra，相當於巴利文中的《盧夷強耆跋地羅帝偈經》，Lomasakangiya-Bhaddekaratta Sutra）。

　　釋中禪室是由離王舍城不遠山上的薩迦部族（Shakyan Clan）人建造的，這個禪室（精舍）又名「無事」或「安詳」。當時盧夷強耆比丘住在裡面。一天夜裡，天剛破曉，他步出禪室，把一塊布（佛門中供打坐用的一種展坐之布，名尼師檀——譯者注）展開鋪在樹下的一個繩床上，結跏趺而坐，這時一位美麗的天神出現在跟前，向他頂禮，並問他是否聽說過勝妙獨處偈及

其解釋。尊者反過來問這位天神同樣的問題，天神回答說，他聽過這首偈子，但是沒有機會聽有關對這個偈子甚深法意的解釋。尊者問：「那你為什麼只聽過偈子卻沒有聽過解釋呢？」

天神解釋道，有一次佛陀住在王舍城，他聽到佛陀念誦過這首偈子，但是佛陀沒有作進一步的解釋。

接著天神朗誦了這首偈子，並勸尊者去請佛陀解釋它。該經中的偈語與《溫泉林天經》中的完全一樣。

佛陀開示

後來盧夷強耆比丘來到佛陀的住處，把所發生的事情告訴了佛陀。當時佛陀住在舍衛國祇樹給孤獨園。聽了盧夷強耆比丘的敘述之後，佛陀告訴他，那個出現在跟前的天神就是般那（Candana），來自三十三天。於是盧夷強耆比丘請求佛陀解釋這首偈子。

當時有很多比丘在場，佛陀解釋了這首偈子的奧義。佛陀的解釋構成了《釋中禪室尊經》這部經的基本內容（《釋中禪室尊經》見漢譯《中阿含經》第166經，與巴利文《中部》第144經《盧夷強耆跋地羅帝偈經》是同一部經）。

正如我們所了解的，這部經另還有一個漢譯本，名

叫《大威德經》（The sutra of Great Reverence），由達摩波羅（Dharmapala，又譯作達摩多羅）翻譯。把這兩部經比較一下是非常有意思的，它有助於我們了解這個故事的很多細節。

最後我將引述的一部經是《阿難說經》（The sutra spoken by Ananda）。有一天晚上，佛陀住在舍衛城。尊者阿難把所有的比丘都召集到祇樹給孤獨園的大法堂裡，他為大眾背誦並解釋了勝妙獨處偈。第二天早晨，有位比丘來到佛陀住處，把阿難的講法彙報給佛陀。經上雖然沒有說這位比丘表示對尊者阿難喪失了信任，但是卻講到佛陀聽完講法之後，立即派這位比丘去叫阿難來見他。

阿難來到佛陀的房間，佛陀問：「昨天晚上，你背誦並解釋了勝妙獨處偈經，是真的嗎？」

阿難回答說，是真的。佛陀接著說：「你能為我背誦並講解一下這首偈子嗎？」

於是阿難向佛陀背誦並講解了這首偈子，佛陀還進一步問了一些問題。聽完阿難的回答，佛陀讚揚了阿難，說道：「善哉善哉！在我的弟子中有人已經契悟了這一教法的基本含義。」

那天有很多比丘在場，那個把阿難的講法告訴佛陀

的比丘也在當中。佛陀像稱讚迦旃延一樣稱讚了阿難。佛陀講這番話的目的是為了讓大家確信，尊者阿難對法的把握像迦旃延一樣可靠，各位比丘都可以把阿難的教法變成自己的實際修行。《阿難所說經》的主體部分，是由阿難與佛陀之間的對話構成的。

依佛陀教法修行

不要拒絕世界和社會

　　獨處並不意味著拒絕世界和社會。佛陀講：獨處意味著生活在當下，深入觀察正在發生的事情。假如我們做到了這一點，我們將不會被捲進過去，或者被對未來的思慮所吞沒。佛陀講：如果我們不能安住在當下，即使我們生活在僻遠的莽林中，我們仍算不上是真正的獨處。他說，假如我們完全安住在當下，即使我們生活在擁擠的市區，我們仍然可以說是獨處。

　　佛教禪修者明白，在團體中修行是何等的重要。這就是所謂的「皈依僧」。越南有句諺語叫做「朋友之於修行好比湯之於正餐」。與團體接觸，向其他的成員學習，以團體為皈依，非常重要。為了揭示獨處於修行團體中的勝妙方法，我們需要做一些事情。

獨處意味著生活在當下，深入觀察正在發生的事情。假如我們做到了這一點，我們將不會被捲進過去，或者被對未來的思慮所吞沒。

上座比丘是修行團體的一部分，但是他堅決要過獨處的生活。他信仰孤獨生活之觀念，因爲他過去曾經聽說過佛陀讚美過獨處的修行方法。於是他與其他所有的人保持距離。他獨自乞食，獨自回來，獨自吃飯，獨自打坐。他像一碗水中的一滴油，不能夠與他的道友們融爲一體。因爲這一點，其他的比丘覺得他有些不正常，於是他們向佛陀表達了他們的擔心。

佛陀非常慈悲。他沒有批評上座比丘。他只是說，上座比丘的獨處方法不是最好的方法。因爲有很多其他比丘在場，佛陀便抓住機會向上座比丘開示了勝妙獨處法門，依此法門，與比丘僧團保持聯繫，向他們學習，以他們爲依處，仍然是可能的。

有些比丘站在上座比丘反對的一面，他們經常一小夥一小夥地聚在一起閒聊，浪費了不少時光。他們的談話與教法無關，結果佛陀批評了他們。在很多經裡，記載了這樣的故事，佛陀規勸、斥責那些比丘行動嘈雜，不守規矩，不知道如何檢點身心，不知道如何把時間有效地花在經行、打坐、深入觀察當下發生的事情上面。巴利藏《增支部》[5]（Anguttara Nikaya V30，VI42，VIII86）就是其中之一，在該經中，佛陀談到了這些問題〔見漢譯大藏經《雜阿含經》（Samyuktagama）第

他獨自乞食，獨自回來，獨自吃飯，獨自打坐。他像一碗水中的一滴油，不能夠與他的道友們融爲一體。

1250和1251經〕。

真正的交流

我剛出家的時候，我的師父給了我一本書，名叫
《溈山禪師警策文》（Words of Discipline of Master Quy
Son）。我永遠不會忘記溈山（Quy Son）禪師批評那些
午飯後三五成群聚在一起閒話無意義之事的修行者所説
的話。溈山師父的話時時迴旋在我的耳畔，不斷地警策
著我。

當我們生活在修行團體中的時候，至少應當有一兩
個人充當榜樣的角色。有時我們只需要觀察一下他們站
立、行走、説話或微笑時心專一境的神情，我們就會堅
定自己的修行。我們修行勝妙獨處法門，並不妨礙我們
從上述這些人那裡獲得法益和受用。相反，正因爲我們
修行勝妙獨處法門，我們才有能力去深入地觀察和欣賞
他們。

交流並不意味著僅僅是同他人交談。例如，當我們
同藍天、白雲、綠柳或者玫瑰進行交流的時候，我們並
沒有用語言來交談。我們體認和接受這些事情，並感受
它們的溫暖。只要我們心中升起了信心，我們就可以從
它們的存在中學到許多東西。同樣的道理，我們完全能

我們體認和接受這些事情，並感受它們的溫暖。只要我們心中升起了信心，我們就可以從它們的存在中學到許多東西。

夠從三寶那兒、從修行團體那兒獲得法益。

假如我們修習勝妙獨處法門，我們會把自己的大部分時間默默地用於練習經行和坐禪，這樣，我們的存在將會爲修行團體做出眞正的貢獻。不像上座比丘或者那些飯後聚在一起無味閒談的比丘們，我們所邁出的每一步，都爲團體的修行增加了堅定的信心，提高了團體的品質。我們就像舍利弗、迦葉，或者金毗羅等佛陀的所有弟子一樣。看到我們，佛陀會滿意地微笑的。佛陀知道，假如團體中的每一個人都知道如何過勝妙獨處的生活，那麼這個團體的生活質量會非常美妙的。當團體中的所有成員爲團體的修行品質貢獻出自己的一份力量，那麼這個團體就會產生一種強大的加持力，很多人會從中獲得法益。獨處意味著生活在正念當中，而不是要把自己同社會割裂開來。假如我們明白了勝妙獨處法門，我們就可以眞正地同他人和社會進行交流，並且我們將會明白應當做什麼和不應當做什麼。

精神富足來自獨處

假如我們生活在無明中，假如我們沉迷於過去或未來，假如我們被貪、嗔、癡所左右，我們就不可能眞正

獨處意味著生活在正念當中，而不是要把自己同社會割裂開來。假如我們明白了勝妙獨處法門，我們就可以真正地同他人和社會進行交流，並且我們將會明白應當做什麼和不應當做什麼。

地過好我們生命的每一分鐘。我們將無法同當下正在發生的事情進行交流，我們同其他人的關係會變得越來越膚淺和貧乏。

有時候我們會覺得空虛、疲勞和無聊，感覺不到真正自我的存在。在這種情況下，即使我們試圖跟其他人接觸，我們的努力也會徒然。我們愈努力，我們愈失落。當這種情況發生了，我們應當停止試圖跟我們的身外之物進行交流，而應當反求諸己，與自己進行交流，過著「獨處」的生活。我們應當關上通向社會之門，回到我們自身，練習在覺照中呼吸，深入觀察我們身內身外正在發生的事情。接受我們觀察到的一切現象，向它們問好，向它們微笑。我們最好做一些簡單的事情，比如專心致志地行禪或坐禪、洗衣服、拖地板、沏茶、清洗澡堂等等。假如我們這樣去做，我們將會恢復我們豐富的精神生活。

佛陀是人，他過著覺悟的生活，時刻安住在當下，輕鬆自在，安穩不動。他的內心永遠是充實的——自在、快樂、富有智慧和慈悲。無論是坐在靈鷲山的危岩上，還是在迦蘭陀竹林的綠蔭中，或者是在祇樹給孤獨園他的茅草柵中，佛陀總是佛陀，安詳、自足、默然少語。每個人都會明白，他的存在給僧團帶來了巨大的和

我們愈努力，我們愈失落。當這種情況發生了，我們應當停止試圖跟我們的身外之物進行交流，而應當反求諸己，與自己進行交流，過著「獨處」的生活。

216

諧。他是僧團的棟樑。對於比丘、比丘尼們來說，只要知道佛陀就在附近，這對僧團來說就已經是產生了積極的影響。佛陀的很多弟子，其中包括數百名長老，誰要是看到了他們，都會在內心生起相類似的信任。拘薩羅國的波斯匿王（King Prasenajit of Kosala）曾經告訴佛陀，諸比丘、比丘尼在佛陀的指導下修行，這種沉著、安詳、快樂的生活方式，大大地增強了他對佛陀的信仰。

假如我們安住於正念，我們就不再貧窮。因為修習安住當下使我們充滿了喜悅、安詳、智慧和慈悲。甚至，當我們遇到了精神貧困者，我們還能夠深入地觀察他，並發現他們的內心隱秘，從而以一種有效的方式來幫助他們。

當我們看一部糟糕的電影或小說時，假如我們自己的心靈很貧乏，覺照力很弱，那麼這部電影和小說可能會擾亂我們的身心，使我們變得愈加貧乏。相反，假如我們的覺照力很強，我們將會發現隱藏在這部電影或小說中深層次的東西。我們或許能夠看透這部電影的導演或這部小說作者的內心世界。用文學評論家或電影評論家的眼光，我們就能夠看出很多人看不到的東西，即使是一部糟糕的電影或書，都可以教會我們這一點。因此

假如我們安住於正念，我們就不再貧窮。因為修習安住當下使我們充滿了喜悅、安詳、智慧和慈悲。

我們並不因爲讀那種糟糕小說或看那種糟糕電影而變得精神枯竭。只要我們對當下每一個細節保持完整的覺照，我們就能從中獲益。這就是勝妙獨處的方法。

煩惱習氣

《勝妙獨處偈》的開頭一句是「愼莫念過去」。「念過去」的意思是爲已經發生和消失的事物而懷喪。過去美好的事物消失了，現在已無從追尋，我們爲此而懷喪。佛陀對這一句偈子是這樣解釋的：「有人作如是思惟，過去色如何，過去受如何，過去想如何，過去行如何，過去識如何，若思惟是事，心生執著，不肯放舍，是謂念過去」。

佛陀教導我們，不應當追念過去，因爲過去已不復存在。若迷失於對過去的思憶當中，我們就失去了現在。生命只存在於當下。失去了當下就是失去了生命。佛陀的意思是非常清楚的：我們必須告別過去，以便我們可以回歸當下。回歸當下就是同生命相接觸。

在我們的意識中，到底是什麼力量驅使我們追憶過去、生活在過去的意象當中呢？這種力量就是由各種各樣的煩惱習氣（梵文：Samyojana，結使、結縛、繫縛）

若迷失於對過去的思憶當中，我們就失去了現在。生命只存在於當下。失去了當下就是失去了生命。

即由心所構成的，它們產生於我們內心，並且將我們障縛住。我們所見、所聞、所嗅、所味、所觸、所意，都會增長我們的習氣，諸如貪愛、煩躁、憤怒、散亂、恐懼、多疑等等。習氣植根於我們每個人意識的深處。

習氣會影響到我們的意識和日常行為。它們促使我們思惟、言談，甚至做一些我們根本沒有意識到的事情。由於它們是以這種方式來驅使我們，所以它們又被稱作「結使」，因為它們以種種方式把我們束縛起來。

人的習氣，通常提到的有九種：貪愛、瞋恨、驕慢、愚癡、見取見、執著、猜疑、嫉妒和自私。其中，最基本的習氣就是無明，即喪失了覺照，其他所有的習氣都是由此而來。儘管有九種習氣，由於貪愛總是被列於首位，所以，常常用它來代表所有習氣。在《摩訶迦旃延跋地羅帝偈經》中，迦旃延比丘解釋到：「我的朋友們，何謂住於過去？有人這樣思惟：『過去我的眼睛如彼，我的眼睛所觸之色如彼』，這樣一想，他就被貪愛所束縛。有了貪愛就有了渴求。這渴求之感受就使他執著於過去。」

迦旃延的解釋可能會使我們這樣認為：使人執著於過去的唯一習氣就是貪愛。但是，迦旃延所指的貪愛，實際上代表了所有的習氣──瞋恨、疑心、嫉妒等等。

習氣植根於我們每個人意識的深處。習氣會影響到我們的意識和日常行為。它們促使我們思惟、言談，甚至做一些我們根本沒有意識到的事情。

所有這些都束縛著我們，使我們執著於過去。

　　有時我們只要一聽到某人的名字（他過去冤枉了我們），我們的習氣馬上就會自動地把我們拖回過去，並由此又重新體驗過去那種痛苦煩惱。過去是一個儲藏室，既有痛苦的記憶，也有幸福的回憶。執著於過去就是對現在的麻木無知。當然要放下過去、回歸當下是不容易的。要做到這一點，我們必須擋住我們內心的習氣力量。我們必須學會改變自己的習氣，這樣我們才能夠自如地專注於當下。

現在由過去構成

　　現在包含著過去。當我們領悟了習氣是怎樣在我們的內心引起種種衝突，我們就會明白過去是如何入於當下的，因而我們也就不會再被過去所淹沒。佛陀說「慎莫念過去」，他的意思是告訴我們不要被過去所淹沒，而不是說我們應當停止反觀過去以便更深刻地了解過去。當我們回顧過去並對它進行深入觀察的時候，假如我們能夠牢牢地安住當下，那我們就不會被過去所控制。構成現在的那些過去的材料，當它們被從現在的角度進行反觀的時候，會變得更加清晰。我們可以向它們學習。

我們必須學會改變自己的習氣，這樣我們才能夠自如地專注於當下。

假如我們對過去的材料進行深入地觀察的話，我們對它們就會有一種新的理解。這就是所謂的「溫故而知新」。

假如我們知道過去亦存在於現在，那我們就會明白，我們可以通過改變現在而改變過去。過去隨著我們進入現在，它也就屬於現在了。深入地觀察過去，了解它們的性質，並且改變它們，這就是改創過去。過去是非常真實的。它們就是我們內心的習氣，有時它們很平靜，而有的時候，它們會突然醒來，劇烈地活動起來。

佛教中，有一個梵文詞，叫做anusaya。Anu的意思是「一起」，saya的意思是「躺下」、「潛藏」。我們可以把anusaya譯成「潛在的趨勢」。習氣永遠與我們在一起，但是它們卻潛藏在意識的底層。我們雖稱它們「幽靈」，但是它們卻以非常真切的方式出現於現在。根據唯識宗的說法，anusaya就是潛藏在我們每個人阿賴耶識中的種子。修習禪觀的一個重要目的就是為了能夠在種子現行時識別它，觀察它，並且改變它。

別讓自己迷失於未來

有時，因為現在是如此地艱難，所以我們就把注意力集中在未來。希望未來的處境會有所改善。通過想像

假如我們知道過去亦存在於現在，那我們就會明白，我們可以通過改變現在而改變過去。

未來會比現在更好，我們就能夠比較好地接受現在的痛苦和艱辛。但是，在另外一些時候，思考未來會引起我們的許多恐懼和憂慮，而我們卻又做不到不去想它。繼續思考未來的原因（有時儘管我們不想這樣），在於習氣的存在。儘管未來尚未到來，但是它已經產生了種種幻像來干擾我們。事實上這些幻像不是由過去和未來產生的。它是由我們的意識創造的。過去和未來都是我們意識的產物。

驅使我們思考未來的力量來自我們的希望、幻想和憂慮。我們的希望可能是我們的痛苦和失敗所產生的結果。因為現在沒有給我們帶來幸福，所以我們就讓自己的心靈漫遊於未來。我們希望未來的處境會變得明亮一些。當有人思考，未來他的色如何，受如何，想如何，行如何，識如何，當他這樣想的時候，會增強他接受現實之失敗和痛苦的勇氣。詩人楚夫[6]（Tru Vu）說過，未來是現在的維他命。希望給我們帶來了我們已經喪失的部分快樂。

我們都知道，生活中必須有希望。但是從佛教的角度來看，希望可能會變成障礙。假如我們把精力都投放在未來，那我們將沒有精力來面對和改變現在。當然我們有權力為未來作出籌劃，但是為未來作出籌劃並不意

味著沉溺於白日夢之類的幻想之中。當我們爲未來作出籌劃的時候，我們的雙腳是牢牢地紮根於現在的。我們只能從現在的既有條件下創造未來。

佛教的基本教義是，爲了全身心地回歸當下，放棄所有對未來的妄想。開悟的意思是達到眞實的深刻圓滿的覺悟。這種眞實存在於當下。爲了回歸當下，面對正在發生的事情，我們必須深入地觀察事物的本質並體驗它的眞實存在。當我們這樣做了，我們就體驗到了甚深智慧，它把我們從痛苦和無明中解救出來。

根據佛教，地獄、天堂、輪迴（samsara）和涅槃都存在於當下，回歸當下就是發現生命、覺悟眞理。所以過去佛都覺悟於當下，所有現在佛、未來佛也同樣是覺悟於當下。只有當下是眞實的：「過去事已滅，未來復未至。」

假如我們不能堅實地紮根於當下，當我們展望未來的時候，我們就會感到沒有根蒂，我們會認爲將來我們會很孤獨，沒有依怙，沒有人會幫助我們。「若有人如是思維，未來色如何，未來受如何，未來行如何，未來識如何」類似這樣對未來的關心會帶來不安、焦慮和恐懼，無助於我們全身心地照顧好當下。它們只會使我們應付現前的行爲而變得脆弱和混亂。孔夫子有一句話

為了回歸當下，面對正在發生的事情，我們必須深入地觀察事物的本質並體驗它的真實存在。當我們這樣做了，我們就體驗到了甚深智慧，它把我們從痛苦和無明中解救出來。

叫：「人無遠慮，必有近憂。」他的意思是提醒我們關心未來，但不是為未來焦慮和恐懼。籌劃未來的最好方法是照顧好當下，因為我們知道既然現在是由過去構成的，那麼未來必定是由現在構成的，我們需要為之負責任的，就是當下。當下是我們唯一可把握的。關心當下就是關心未來。

過去和未來存在於當下

當我們回憶過去的時候，有可能產生悔恨和羞恥感。當我們展望未來時，有可能產生希望和恐懼感。但是所有這些感覺都是在當下產生的，並且會對當下產生影響。絕大多數情況下，它們無助於我們的幸福和快樂。我們必須學會如何面對這些感情。我們必須記取的主要的一點是，過去和未來都存在於當下，如果我們抓住了當下，我們也就改變了過去和未來。

我們怎樣改變過去呢？過去我們或許說過、做過對別人有害的事情，現在我們後悔了。根據佛教心理學，後悔是一種不定心所。這就是說它既可以是建設性的，也可以是破壞性的。當我們知道我們說的或做的某種事情導致了傷害的時候，我們可以提起懺悔的心，發誓將

當下是我們唯一可把握的。關心當下就是關心未來。

來我們不再重複同樣的錯誤。在這種情況下，我們的後悔就產生了好的結果。另一方面，如果後悔的感覺繼續侵襲著我們，使我們無法關注其他的事物，把所有的安寧和快樂從我的生活中帶走了，那麼這種後悔就帶來了不好的後果。

當後悔成了一種不好的情緒時，我們首先應該考慮一下原因：是因為我們做過某件事情、說過某些話，還是因為我們沒能夠做某件事、說某些話。如果過去我們說過某些破壞性的話，或者做過某些破壞性的事情，我們可以把這種後悔的情緒稱作「罪惡感」。我們說了不該說的話，做了不該做的事情，因而造成了傷害，這使我們後悔和痛苦。過去我們缺乏覺照，它的後果到今天仍然存在。我們的痛苦、羞恥感和後悔是這一後果的一個重要組成部分。如果我們深入地觀察現在並把握它，我們就能夠改變它。我們通過覺照、決心和正確的言行來做到這一點。所有這些都發生於當下。當我們用這種方式來改變現在的時候，我們也是改變了過去，同時也構築了未來。

如果我們說，所有的東西都丟失了，一切都被毀掉了，或者災難已經發生了，那麼我們是沒有明白過去已經成為了現在。當然痛苦已經形成，它的傷口還在舔舐

如果我們深入地觀察現在並把握它，我們就能夠改變它。我們通過覺照、決心和正確的言行來做到這一點。所有這些都發生於當下。當我們用這種方式來改變現在的時候，我們也是改變了過去，同時也構築了未來。

著我們的靈魂，但是我們不能總是憑弔它，或為我們過去所做過的事情而痛苦。我們應該抓住當下，並改變它。酷旱的痕跡只能用一場充沛的降雨來消除，而雨只能落在當下。

　　佛教的懺悔就是建立在這一認識的基礎之上，即罪源於心。這兒有一首懺悔的偈子：

心起罪亦起，
心滅罪何存？
懺後心自在，
閒雲點太清。

　　因為我們缺少覺照，因為我們的心被貪愛、嗔恚和嫉妒所障蔽，我們做了錯事，這就是「心起罪亦起」的意思。但是如果罪是由心起，那麼，它也可以在我們心中消失。如果我們的心變化了，那麼我們的心所感知到的物件也將發生變化。如果我們知道了怎樣回到當下，這樣的變化是可以實現的。一旦我們改變了自己的心，那將像一朵浮動的白雲一樣輕盈。我們會成為自己和他人的寧靜和快樂的源泉。昨天或許是出於愚昧，或許是嗔恚，我們說了一些使母親傷心的話，但是今天，我們

酷旱的痕跡只能用一場充沛的降雨來消除，而雨只能落在當下。

的心已經變化了，變得輕快了，我們會看到母親在朝我們微笑，即使她已經不在世了。如果我們能夠在我們的內心微笑，我們的母親一定也能與我們一起微笑。

把握當下

　　如果我們能夠改變過去，我們也就能夠改變未來。我們對未來的焦慮和恐懼使現在變得黑暗了，而未來無疑也會變黑了。因為我們知道，未來是由現在構成的。把握當下是把握未來最好的方法。有時候，由於我們過於關注第二天將要發生的事情，於是整夜地輾轉反側、睡不著覺。我們擔心，如果夜裡睡不著覺，第二天將會很疲倦，不能做到最好，我們愈擔心，就愈睡不著。我們對未來的擔憂和恐懼毀掉了現在，但是如果我們停止了考慮明天，而只是躺在床上，隨順呼吸，真正享受休息的時光，那麼，我們不僅能夠體會到溫暖毛毯之下的安寧和快樂，而且將輕鬆自然地進入夢鄉，這種睡眠對第二天取得成功是一個很大的幫助。

　　當我們聽說我們星球的森林得了病而迅速地死亡的時候，我們或許會感到焦慮。我們關注著未來，因為我們觀察到了現在正在發生著什麼。我們的覺悟會使我們去做一些事情，以阻止環境的破壞。顯然地，這種對未

我們知道，未來是由現在構成的。把握當下是把握未來最好的方法。

來的關注與只是消耗我們的對未來的擔心和焦慮是不同的。爲了能夠做些事情來保護森林，我們必須懂得怎樣享受這些優美的茂盛的樹林的存在。

當我們把一塊香蕉皮扔在垃圾箱的時候，如果我們處於覺照狀態，我們將會知道在短短的幾個月之間，這塊香蕉皮就會變成肥料，並再生爲一個馬鈴薯，或一盤萵苣沙拉。但是當時我們把一個塑膠袋扔到垃圾箱的時候，感謝我們的覺照，我們知道，塑膠袋不會很快地變成馬鈴薯或沙拉。某些種類的垃圾需要四五百年的時間才能分解，核廢料需要二十五萬年的時間才能停止危害人類和環境從而回歸土壤。以一種覺悟的方式活在當下，全心全意地照顧好當下，我們就不會做毀掉未來的錯事。爲未來做些建設性的事情，這是最具體的方法。

在日常生活中，我們也會產生出心靈毒素。它們不但會毀掉我們，也會毀掉那些與我們一起生活的人，不僅僅是現在，未來亦是如此。佛教講三毒：貪、嗔、癡，另外還有別的危害性很大的毒素：嫉妒、偏見、驕傲、疑心和固執。

在我們日復一日地與自己、他人以及我們的環境發生關係的過程中，這些毒素或部分或全體，都有可能爆發，從而毀掉自己和我們周圍的人的安寧和快樂。這些

以一種覺悟的方式活在當下，全心全意地照顧好當下，我們就不會做毀掉未來的錯事。

毒素有可能逗留於我們的心中，並將它污染，造成未來的苦果。所以活在當下也意味著，當這些毒素升起、現行並重新回到無意識狀態的過程中，接受和正視它們，並為了改變它們而去修習禪觀。這是一種佛教的修行。活在當下，還意味著，去看那些美好健康的事物，以便滋養和保護它們。幸福是正視事物、和事物相溝通的直接結果。這種幸福是構築美好未來的原材料。

從當下發現生命

回歸當下就是與生命相接觸。生命只能從當下發現，因為「過去事已滅」，「未來尚未到」。佛性、解脫、覺悟、安寧、快樂和幸福只能在當下發現。我們與生命的約會就在當下。我們約會的地點就是在此地。

根據《華嚴經》，時空是不可分割的，時間是由空間構成的，空間是由時間構成的。當我們談到春天的時候，我們常常會想到時間，但是春天也是空間。當歐洲處於春天的時候，澳洲卻是冬天。

參加茶禪的人舉起茶杯，呼吸，背誦下面這首偈子：

活在當下，還意味著，去看那些美好健康的事物，以便滋養和保護它們。幸福是正視事物、和事物相溝通的直接結果。這種幸福是構築美好未來的原材料。

茶杯在手中，

正念直提起，

吾心與吾身，

安住此時地。

　　當我們提起正念喝茶的時候，我們就是在練習回歸當下，以便活在此時此地。當我們的身心完全安住當下時，熱氣騰騰的茶杯便會清晰地顯現在我們面前，我們知道，這是一種美妙的存在。這時我們便真正地與這個杯茶的存在溝通了。只有在這種情形下，生命才真正地現前。

　　寧靜、快樂、自在、覺悟、幸福、佛性──我們所尋找的這一切，只能在當下發現。為了在未來尋找這些東西而放棄當下，就是放棄了實物而去捕捉影子。在佛教裡，「無為（Apranihita）」是一個法門，它可以幫助修行者停止追逐未來，全體回歸當下。有時候，「無為」也叫做「無願」。它是三解脫門之一（另兩個解脫門是空和無相）。能夠停止追逐未來，給了我們時間和空間，使我們能夠認識到，我們所追尋的所有這些美好的事物，就存在於我們的心中，存在於當下。生命不是一個特殊的地方或者終點，生命是一條路。行禪就是毋需到達目

生命不是一個特殊的地方或者終點，生命是一條路。行禪就是毋需到達目標的走，每一步都能為我們帶來安寧，快樂和解脫。

標的走，每一步都能為我們帶來安寧，快樂和解脫。這就是為什麼我們要以無為的精神來行走的原因。沒有通向安寧和解脫的路，安寧和快樂本身就是路。我們與佛、與解脫、與幸福的約會，就是此時此地。我們不應該失約。

身心不二

　　佛教教給我們呼吸的方法，它能夠賦予我們身心合一的能力，這樣我們就能夠直視生命。這種方法叫做身心不二。這就是為什麼每個禪者開始的時候都修習《安般守意經》[7]（Anapanasati Sutta）的原因。

　　但是回到當下並不意味被現在正在發生的事情所約束。這部經教我們深入地觀察生活，與當下相聯繫，並能夠看到現在所有的痛苦和奇蹟。然而我們必須提起正念，保持高度的警覺，以使我們不被現在正在發生的事情所左右或束縛，乃至對它產生貪愛或厭惡之情。

佛教教給我們呼吸的方法，它能夠賦予我們身心合一的能力，這樣我們就能夠直視生命。

如實觀生活，
此時與此地，
修行者安住，
不動與自在。

　　「不動和自在」指的是寧靜和自足，不被任何事物
所轉。「不動和自在」是涅槃的兩個特徵。這首偈子的
巴利文版本，用了兩個詞，Asamkuppam和Asamhiram。
Asamkuppam的意思是「不可動搖的」。僧伽提婆（Sang-
hadeva）把它譯成「堅固不動」，達摩波羅（Dharmapala）
把它譯成「不動」。Asamhiram的字面意思是「不可折疊
在一起的」、「不受束縛的」、「不可集攏的」、「不被任
何事物所動搖的」。僧伽提婆比丘，這位《中阿含經》
（Madhyamagama）的翻譯者，把asamhiram譯成中文，
意為「無餘」，這是不準確的。達摩波羅（Dharmapala）
比丘在《上座比丘經》（Elder sutra）中把asamhiram譯作
「不被桎梏的」。「被桎梏」的意思是「被禁錮」，所以
「不被桎梏」的意思就是「不受約束」或「自由自在」。

　　與當下的生命相接觸，深入地觀察存在的事物，這
時我們就能夠看到所有這些事物無常和無我的本性。無
常和無我不是生命的消極方面，而恰好是生命的基礎。
無常是事物的持續變化，沒有無常就不可能有生命。無
我是一切事物互攝互入的本性，沒有互攝互入，就不可
能有任何事物存在。沒有太陽、雲、地球，鬱金香就不
可能存在。我們常常對生命之無常和無我感到悲哀，就

與當下的生命相接
觸，深入地觀察存
在的事物，這時我
們就能夠看到所有
這些事物無常和無
我的本性。

因為我們忘記了這一點。沒有無常和無我，生命就不可能存在。覺悟到無常和無我，並沒有把活著的快樂帶走，相反地，它使我們變得更健康、更肯定、更自在。人們之所以痛苦，就是因為他們看不到事物無常無我的本性，他們把無常當作有常，把無我當作有我。

深入地觀察一朵玫瑰，我們可以相當清楚地看到它的無常的本性，同時我們仍然能夠看到它的美和珍貴的價值，因為我們覺察到它脆弱和無常的本性，我們看它可能比以前更美、更珍貴了。一件事物愈脆弱，它就愈美、愈珍貴，比如一彎彩虹，一次落日，一株在夜間開花的仙影拳，一顆流星。注視著靈鷲山冉冉升起的太陽，遙望著舍衛城，俯視著成熟的稻田，金黃的稻穀，佛陀看到了它們的美，並把這些告訴了阿難陀。

生命的奇蹟

真切地看到了那些美好事物的無常的本性，它們的變化和消失，佛陀沒有痛苦，也沒有失望。通過深入地觀察所有存在著的事物的無常和無我，我們也能夠超越失望和痛苦，體驗到日常生活中奇蹟的可貴——一杯清澈的水，一陣清涼的微風，一個輕鬆自在的步履，所有這些都是很美好的，儘管它們是無常和無我的。

覺悟到無常和無我，並沒有把活著的快樂帶走，相反地，它使我們變得更健康、更肯定、更自在。

　　生命是苦，但是它也是美好的。老、病、死、意外、饑餓、失業和天災，都是生命中不可避免的。但是如果我們擁有深刻的智慧和自由的心靈，我們就能平靜地接受這些東西，而痛苦就已經被大大地減少了。這不是說我們應該在苦難面前閉上眼睛。通過接受苦難，我們提升和滋養了我們天性中的慈悲，苦難成了滋養我們慈悲的因素，所以我們不害怕它了。當我們的心充滿慈悲的時候，我們就會以減輕他人痛苦的方式來做事。

　　如果人類已經取得了某些進步的話，那是因為我們慈悲的心。我們需要向那些具有慈悲心的人學習，學習他們怎樣為了他人而提升自己的修行。這樣，別人也將會從我們這裡學習活在當下的方法，觀察所有存在著的事物無常和無我的本性。這種做法將會幫助我們減輕痛苦。

　　害怕意外使很多人過著一種枯萎和焦慮的生活。沒有人能提前知道我們或我們所愛的人會發生什麼不幸。但是如果我們學會用一種覺悟的方式來生活，踏踏實實地過好我們生命中的每一刻，以溫和、理解的方式來善待那些與我們親密的人，那麼，即使我們或他們發生了什麼事情，我們也不會有什麼可遺憾的。活在當下，我們就能夠發現生命中美好的、令人振奮的和使人健康的

通過接受苦難，我們提升和滋養了我們天性中的慈悲，苦難成了滋養我們慈悲的因素，所以我們不害怕它了。

現像，而它們將能治好我們心中的創傷。每一天我們都在變得更美麗、更清新、更健康。

寧靜、自在、快樂的生活

　　根據佛陀的教導去練習深入地觀察，就可以獲得寧靜、自在和快樂的生活，這就是實現了徹底的解脫。《勝妙獨處經》的偈子提醒我們，我們不能避免死亡。它建議我們今天精進修行，因爲明天將太晚了。死亡是不可預期的，我們無法與它討價還價。如果我們以深入觀察當下每一件事物的方式生活著，我們就能學會堅定自在地活在寧靜和快樂裡。如果我們繼續這樣練習，寧靜、快樂和堅定就會一天一天地增長，直到我們實現徹底的解脫。當我們獲得徹底解脫的時候，死亡就不再傷害我們。

　　這樣的生活將爲我們所愛的人及他人帶來快樂。不動、自在是構成解脫的要素。深入觀照使我們認識到所有存在著的事物的無常和無我的本性，解脫正是這種觀照的結果。通過深入地觀察，我們能夠戰勝死亡，因爲對無常的觀照將引導我們超越生死的界限。當我們觀察宇宙中存在著的所有事物和所有我們熱愛的人的時候，

如果我們以深入觀察當下每一件事物的方式生活著，我們就能學會堅定自在地活在寧靜和快樂裡。

我們會看到，沒有一個永恆不變的事物我們可稱之爲
「我」或「自我」的。

超越生死

　　我們常常以爲生就是不存在的事物開始存在，死就
是存在著的事物停止存在。當我們深入觀察事物的時
候，我們將看到這個關於生死的觀念是非常錯誤的。沒
有任何現象能從一無所有中開始存在，也沒有任何存在
著的現像能變成一無所有。事物總是不停地變化。雲沒
有死，它只是變成了雨。雨沒有生，它只是雲的變化和
延續。樹葉、鞋子、快樂及痛苦都符合這一不生不死的
規律。以爲死後我們不再存在，這是一個狹隘的觀點，
佛教裡稱之爲「斷見」。而死後我們將不變並繼續存在的
狹隘觀點被稱之爲「常見」。眞實超越了這兩者。

　　佛陀教育我們要直接地看到那些聚合在一起、構成
我們的色身的諸要素，以便看透它們的本性，以便超越
「自我」觀念——不管那是「常見」的我，還是「斷見」
的我。經上說：「若有人親近佛、法、僧三寶，聽聞修
習聖教法，不作如是思惟：『色是我，我是色。受是
我，我是受。想是我，我是想。行是我，我是行。識是

雲沒有死，它只是
變成了雨。雨沒有
生，它只是雲的變
化和延續。

我，我是識。』那麼這個人不念過去，不願未來，他也就不會被現在所束縛。」

　　聚在一起構成被我們稱之為「我」的那個東西有五個因素，即：色、受、想、行、識。如果我們看透這些因素，看到它們無常和互攝互入的本性，我們自然就會明白，沒有永恆不變的東西可以稱之「我」。這五個因素是在不停的變化，它們無生亦無滅。它們當中沒有一個是從虛無變為存在，也沒有一個是從存在變為虛無。我們以為是「我」的那個東西，沒有生，也沒有滅。我們不要把「我」同或健壯或衰老的色身等同起來，也不要把它與時時變化的受等同起來。同樣地，我們也不能把它與我們的想和識等同起來。我們不要被這些因素所束縛，我們一旦明白這些因素本自無生無滅，我們就不會再被死亡所壓迫。這一覺悟將使我們超越於生死。

　　該經所說的「若有人修習聖教法」，意思是說，此人為了看透生命的無常和無我的本質，活在當下，深入觀察。佛陀教導說，「我們今天就必須精進修行，因為明天太遲了；死亡的到來是不可預料的，我們無法與它討價還價。」通過深入觀察，我們能夠認識到事物無生無滅的本性，這時就沒有什麼東西能使我們害怕了，哪怕是死亡。借助深入觀察和對無常無我的覺悟，我們就可

我們一旦明白這些因素本自無生無滅，我們就不會再被死亡所壓迫。這一覺悟將使我們超越於生死。

以看透有關存在之本質的虛妄觀念，就可以當下了生脫死。一旦了脫了生死，我們就不需要「與死亡討價還價」了。我們可以向它微笑，並握著死亡的手，一起去散步。

被稱之爲「梵行」的出家人的生活，能導致對所有事物存在的無生無滅之本性的覺悟。這種覺悟是解脫的眞義。這就是爲什麼在《迦旃延跋地羅帝偈經》[8]（Kac-cana-Bhaddekaratta　Sutra）中強調獨居修行是出家人清淨生活之基礎的原因。它也是我們所有人的生活基礎。

注釋

① 《法句經》是從佛說中錄出的偈頌集。見大正藏本源部《法句經》，共四卷，吳天竺沙門維祇難等譯。

② 《長老偈經》為南傳經典，出自《小部》，是偈頌集。《小部》含十五種小部經（小誦、法句、感興語、如是語、經集、天宮事、餓鬼事、長老偈、長老尼偈、本生、義釋、無礙辯道、譬喻、佛種姓、所行藏），此中品目與《善見律》大致相當，經之數目則不同。

③ 《相應部》為南傳經典，含二二九八經，內分偈、因緣、蘊、處、大五品，與《雜阿含經》大致相同。

④ 《鹿紐經》為南傳經典，漢譯經典參見大正藏阿含部《雜阿含經》第十三卷，309經。

⑤ 《增支部》為南傳經典，含二二九一經，相當於《增一阿含》。

⑥ 楚夫（Tru Vu）為越南詩人。

⑦ 《安般守意經》為南傳經典，主要講述四念處修習法。漢譯經典參見大正藏經集部《佛說大安般守意經》共三卷，後漢安世高譯，安般者梵語，數息觀也，坐禪而數

出入氣息,以止散守意之法也。

⑧《迦旃延跋地羅帝偈經》即《跋地羅帝偈經》,為南傳經典。漢譯經典參見大正藏
阿含部《中阿含經》165、166、167經。

善知識系列JB0006X

初戀三摩地

（本書爲2002年《與生命相約》暢銷修訂版）

作　　　者／一行禪師
譯　　　者／明潔、明堯
責 任 編 輯／劉昱伶
業　　　務／顏宏紋

總　編　輯／張嘉芳
出　　版／橡樹林文化
　　　　　城邦文化事業股份有限公司
　　　　　104台北市民生東路二段141號5樓
　　　　　電話：(02)2500-7696　傳眞：(02)2500-1951
發　　行／英屬蓋曼群島商家庭傳媒股份有限公司城邦分公司
　　　　　104台北市中山區民生東路二段141號2樓
　　　　　客服服務專線：(02) 25007718；25001991
　　　　　24小時傳眞專線：(02) 25001990；25001991
　　　　　服務時間：週一至週五上午09:30～12:00；下午13:30～17:00
　　　　　劃撥帳號：19863813；戶名：書虫股份有限公司
　　　　　讀者服務信箱：service@readingclub.com.tw
香港發行所／城邦（香港）出版集團有限公司
　　　　　香港灣仔駱克道193號東超商業中心1樓
　　　　　電話：(852)25086231　傳眞：(852)25789337
　　　　　E-mail：hkcite@biznetvigator.com
馬新發行所／城邦（馬新）出版集團【Cité (M) Sdn. Bhd. (458372 U)】
　　　　　41, Jalan Radin Anum, Bandar Baru Sri Petaling,
　　　　　57000 Kuala Lumpur, Malaysia.
　　　　　電話：(603) 90578822　傳眞：(603) 90576622
　　　　　E-mail：cite@cite.com.my

封 面 設 計／兩棵酸梅
內 文 排 版／中原造像股份有限公司
印　　　刷／中原造像股份有限公司

初 版 1 刷／2002年7月
二 版 2 刷／2022年3月
I S B N ／978-986-5613-33-4
定　　價／280元
版權所有・翻印必究(Printed in Taiwan)
缺頁或破損請寄回更換

城邦讀書花園
www.cite.com.tw

國家圖書館出版品預行編目(CIP)資料

初戀三摩地 / 一行禪師著 ；明潔，明堯譯. — 二版.
— 臺北市 ： 橡樹林文化，城邦文化出版 :家庭傳媒城
邦分公司發行，2016.12

　　面 ； 　公分. —（善知識系列 ；JB0006X）

　ISBN 978-986-5613-33-4（平裝）

　1.佛教修持

225.87　　　　　　　　　　　　　　　　105023333